À Rebours
Huysmans, Joris-Karl

Publication: 1884
Catégorie(s): Fiction, Roman, Fantastique

A Propos Huysmans:

Charles-Marie-Georges Huysmans (February 5, 1848 – May 12, 1907) was a French novelist who published his works as Joris-Karl Huysmans; he is most famous for the novel À rebours. His style is remarkable for its idiosyncratic use of the French language, wide-ranging vocabulary, wealth of detailed and sensuous description, and biting, satirical wit. The novels are also noteworthy for their encyclopaedic documentation, ranging from the catalogue of decadent Latin authors in À rebours to the discussion of the symbology of Christian architecture in La Cathédrale. Huysmans' work expresses a disgust with modern life and a deep pessimism, which led the author first to the philosophy of Arthur Schopenhauer then to the teachings of the Catholic Church.

Disponible pour Huysmans:

- *La Cathédrale* (1898)
- *Là-bas* (1884)
- *En Route* (1895)
- *Les Sœurs Vatard* (1879)

Notice

À en juger par les quelques portraits conservés au château de Lourps, la famille des Floressas des Esseintes avait été, au temps jadis, composée d'athlétiques soudards, de rébarbatifs reîtres. Serrés, à l'étroit dans leurs vieux cadres qu'ils barraient de leurs fortes épaules, ils alarmaient avec leurs yeux fixes, leurs moustaches en yatagans, leur poitrine dont l'arc bombé remplissait l'énorme coquille des cuirasses.

Ceux-là étaient les ancêtres ; les portraits de leurs descendants manquaient ; un trou existait dans la filière des visages de cette race ; une seule toile servait d'intermédiaire, mettait un point de suture entre le passé et le présent, une tête mystérieuse et rusée, aux traits morts et tirés, aux pommettes ponctuées d'une virgule de fard, aux cheveux gommés et enroulés de perles, au col tendu et peint, sortant des cannelures d'une rigide fraise.

Déjà, dans cette image de l'un des plus intimes familiers du duc d'Épernon et du marquis d'Ô, les vices d'un tempérament appauvri, la prédominance de la lymphe dans le sang, apparaissaient.

La décadence de cette ancienne maison avait, sans nul doute, suivi régulièrement son cours ; l'effémination des mâles était allée en s'accentuant ; comme pour achever l'œuvre des âges, les des Esseintes marièrent, pendant deux siècles, leurs enfants entre eux, usant leur reste de vigueur dans les unions consanguines.

De cette famille naguère si nombreuse qu'elle occupait presque tous les territoires de l'Île-de-France et de la Brie, un seul rejeton vivait, le duc Jean, un grêle jeune homme de trente ans, anémique et nerveux, aux joues caves, aux yeux d'un bleu froid d'acier, au nez éventé et pourtant droit, aux mains sèches et fluettes.

Par un singulier phénomène d'atavisme, le dernier descendant ressemblait à l'antique aïeul, au mignon, dont il avait la barbe en pointe d'un blond extraordinairement pâle et l'expression ambiguë, tout à la fois lasse et habile.

Son enfance avait été funèbre. Menacée de scrofules, accablée par d'opiniâtres fièvres, elle parvint cependant, à l'aide de grand air et de soins, à franchir les brisants de la nubilité, et alors les nerfs prirent le dessus, matèrent les langueurs et les abandons de la chlorose, menèrent jusqu'à leur entier développement les progressions de la croissance.

La mère, une longue femme, silencieuse et blanche, mourut d'épuisement ; à son tour le père décéda d'une maladie vague ; des Esseintes atteignait alors sa dix-septième année.

Il n'avait gardé de ses parents qu'un souvenir apeuré, sans reconnaissance, sans affection. Son père, qui demeurait d'ordinaire à Paris, il le connaissait à peine ; sa mère, il se la rappelait, immobile et couchée, dans une chambre obscure du château de Lourps. Rarement, le mari et la femme étaient réunis, et de ces jours-là, il se remémorait des entrevues décolorées, le père et la mère assis, en face l'un de l'autre, devant un guéridon qui était seul éclairé par une lampe au grand abatjour très baissé, car la duchesse ne pouvait supporter sans crises de nerfs la clarté et le bruit ; dans l'ombre, ils échangeaient deux mots à peine, puis le duc s'éloignait indifférent et ressautait au plus vite dans le premier train.

Chez les jésuites où Jean fut dépêché pour faire ses classes, son existence fut plus bienveillante et plus douce. Les Pères se mirent à choyer l'enfant dont l'intelligence les étonnait ; cependant, en dépit de leurs efforts, ils ne purent obtenir qu'il se livrât à des études disciplinées ; il mordait à certains travaux, devenait prématurément ferré sur la langue latine, mais, en revanche, il était absolument incapable d'expliquer deux mots de grec, ne témoignait d'aucune aptitude pour les langues vivantes, et il se révéla tel qu'un être parfaitement obtus, dès qu'on s'efforça de lui apprendre les premiers éléments des sciences.

Sa famille se préoccupait peu de lui ; parfois son père venait le visiter au pensionnat : « Bonjour, bonsoir, sois sage et travaille bien. » Aux vacances, l'été, il partait pour le château de Lourps ; sa présence ne tirait pas sa mère de ses rêveries ; elle l'apercevait à peine, ou le contemplait, pendant quelques secondes, avec un sourire presque douloureux, puis elle s'absorbait de nouveau dans la nuit factice dont les épais rideaux des croisées enveloppaient la chambre.

Les domestiques étaient ennuyés et vieux. L'enfant, abandonné à lui-même, fouillait dans les livres, les jours de pluie ; errait, par les après-midi de beau temps, dans la campagne.

Sa grande joie était de descendre dans le vallon, de gagner Jutigny, un village planté au pied des collines, un petit tas de maisonnettes coiffées de bonnets de chaume parsemés de touffes de joubarbe et de bouquets de mousse. Il se couchait dans la prairie, à l'ombre des hautes meules, écoutant le bruit sourd des moulins à eau, humant le souffle frais de la Voulzie. Parfois, il poussait jusqu'aux tourbières, jusqu'au hameau vert et noir de Longueville, ou bien il grimpait sur les côtes balayées par le vent et d'où l'étendue était immense. Là, il avait d'un côté, sous lui, la vallée de la Seine, fuyant à perte de vue et se confondant avec le bleu du ciel fermé au loin ; de l'autre, tout en haut, à l'horizon, les églises et la tour de Provins qui semblaient trembler, au soleil, dans la pulvérulence dorée de l'air.

Il lisait ou rêvait, s'abreuvait jusqu'à la nuit de solitude ; à force de méditer sur les mêmes pensées, son esprit se concentra et ses idées encore indécises mûrirent. Après chaque vacance, il revenait chez ses maîtres plus réfléchi et plus têtu ; ces changements ne leur échappaient pas ; perspicaces et retors, habitués par leur métier à sonder jusqu'au plus profond des âmes, ils ne furent point les dupes de cette intelligence éveillée mais indocile ; ils comprirent que jamais cet élève ne contribuerait à la gloire de leur maison, et comme sa famille était riche et paraissait se désintéresser de son avenir, ils renoncèrent aussitôt à le diriger sur les profitables carrières des écoles ; bien qu'il discutât volontiers avec eux sur toutes les doctrines théologiques qui le sollicitaient par leurs subtilités et leurs arguties, ils ne songèrent même pas à le destiner aux Ordres, car malgré leurs efforts sa foi demeurait débile ; en dernier ressort, par prudence, par peur de l'inconnu, ils le laissèrent travailler aux études qui lui plaisaient et négliger les autres, ne voulant pas s'aliéner cet esprit indépendant, par des tracasseries de pions laïques.

Il vécut ainsi, parfaitement heureux, sentant à peine le joug paternel des prêtres ; il continua ses études latines et françaises, à sa guise, et, encore que la théologie ne figurât point dans les programmes de ses classes, il compléta l'apprentissage de cette science qu'il avait commencée au château de Lourps, dans la bibliothèque léguée par son arrièregrand-oncle Dom Prosper, ancien prieur des chanoines réguliers de Saint-Ruf.

Le moment échut pourtant où il fallut quitter l'institution des jésuites ; il atteignait sa majorité et devenait maître de sa fortune ; son cousin et tuteur le comte de Montchevrel lui rendit ses comptes. Les relations qu'ils entretinrent furent de durée courte, car il ne pouvait y avoir aucun point de contact entre ces deux hommes dont l'un était vieux et l'autre jeune. Par curiosité, par désœuvrement, par politesse, des Esseintes fréquenta cette famille et il subit, plusieurs fois, dans son hôtel de la rue de la Chaise, d'écrasantes soirées où des parentes, antiques comme le monde, s'entretenaient de quartiers de noblesse, de lunes héraldiques, de cérémoniaux surannés.

Plus que ces douairières, les hommes rassemblés autour d'un whist, se révélaient ainsi que des êtres immuables et nuls ; là, les descendants des anciens preux, les dernières branches des races féodales, apparurent à des Esseintes sous les traits de vieillards catarrheux et maniaques, rabâchant d'insipides discours, de centenaires phrases. De même que dans la tige coupée d'une fougère, une fleur de lis semblait seule empreinte dans la pulpe ramollie de ces vieux crânes.

Une indicible pitié vint au jeune homme pour ces momies ensevelies dans leurs hypogées pompadour à boiseries et à rocailles, pour ces maussades lendores qui vivaient, l'œil constamment fixé sur un vague Chanaan, sur une imaginaire Palestine.

Après quelques séances dans ce milieu, il se résolut, malgré les invitations et les reproches, à n'y plus jamais mettre les pieds.

Il se prit alors à frayer avec les jeunes gens de son âge et de son monde.

Les uns, élevés avec lui dans les pensions religieuses, avaient gardé de cette éducation une marque spéciale. Ils suivaient les offices, communiaient à Pâques, hantaient les cercles catholiques et ils se cachaient ainsi que d'un crime des assauts qu'ils livraient aux filles, en baissant les yeux. C'étaient, pour la plupart, des bellâtres inintelligents et asservis, de victorieux cancres qui avaient lassé la patience de leurs professeurs, mais avaient néanmoins satisfait à leur volonté de déposer, dans la société, des êtres obéissants et pieux.

Les autres, élevés dans les collèges de l'État ou dans les lycées, étaient moins hypocrites et plus libres, mais ils n'étaient ni plus intéressants, ni moins étroits. Ceux-là étaient des noceurs, épris d'opérettes et de courses, jouant le lansquenet et le baccara, pariant des fortunes sur des chevaux, sur des cartes, sur tous les plaisirs chers aux gens creux. Après une année d'épreuve, une immense lassitude résulta de cette compagnie dont les débauches lui semblèrent basses et faciles, faites sans discernement, sans apparat fébrile, sans réelle surexcitation de sang et de nerfs.

Peu à peu, il les quitta, et il approcha les hommes de lettres avec lesquels sa pensée devait rencontrer plus d'affinités et se sentir mieux à l'aise. Ce fut un nouveau leurre ; il demeura révolté par leurs jugements rancuniers et mesquins, par leur conversation aussi banale qu'une porte d'église, par leurs dégoûtantes discussions, jaugeant la valeur d'une œuvre selon le nombre des éditions et le bénéfice de la vente. En même temps, il aperçut les libres penseurs, les doctrinaires de la bourgeoisie, des gens qui réclamaient toutes les libertés pour étrangler les opinions des autres, d'avides et d'éhontés puritains, qu'il estima, comme éducation, inférieurs au cordonnier du coin.

Son mépris de l'humanité s'accrut ; il comprit enfin que le monde est, en majeure partie, composé de sacripants et d'imbéciles. Décidément, il n'avait aucun espoir de découvrir chez autrui les mêmes aspirations et les mêmes haines, aucun espoir de s'accoupler avec une intelligence qui se complût, ainsi que la sienne, dans une studieuse décrépitude, aucun espoir d'adjoindre un esprit pointu et chantourné tel que le sien, à celui d'un écrivain ou d'un lettré.

Énervé, mal à l'aise, indigné par l'insignifiance des idées échangées et reçues, il devenait comme ces gens dont a parlé Nicole, qui sont douloureux partout ; il en arrivait à s'écorcher constamment l'épiderme, à souffrir des balivernes patriotiques et sociales débitées, chaque matin, dans les journaux, à s'exagérer la portée des succès qu'un tout-puissant public réserve toujours et quand même aux œuvres écrites sans idées et sans style.

Déjà il rêvait à une thébaïde raffinée, à un désert confortable, à une arche immobile et tiède où il se réfugierait loin de l'incessant déluge de la sottise humaine.

Une seule passion, la femme, eût pu le retenir dans cet universel dédain qui le poignait, mais celle-là était, elle aussi, usée. Il avait touché aux repas charnels, avec un appétit d'homme quinteux, affecté de malacie, obsédé de fringales et dont le palais s'émousse et se blase vite ; au temps où il compagnonnait avec les hobereaux, il avait participé à ces spacieux soupers où des femmes soûles se dégrafent au dessert et battent la table avec leur tête ; il avait aussi parcouru les coulisses, tâté des actrices et des chanteuses, subi, en sus de la bêtise innée des femmes, la délirante vanité des cabotines ; puis il avait entretenu des filles déjà célèbres et contribué à la fortune de ces agences qui fournissent, moyennant salaire, des plaisirs contestables ; enfin, repu, las de ce luxe similaire, de ces caresses identiques, il avait plongé dans les bas-fonds, espérant ravitailler ses désirs par le contraste, pensant stimuler ses sens assoupis par l'excitante malpropreté de la misère.

Quoi qu'il tentât, un immense ennui l'opprimait. Il s'acharna, recourut aux périlleuses caresses des virtuoses, mais alors sa santé faiblit et son système nerveux s'exacerba ; la nuque devenait déjà sensible et la main remuait, droite encore lorsqu'elle saisissait un objet lourd, capricante et penchée quand elle tenait quelque chose de léger tel qu'un petit verre.

Les médecins consultés l'effrayèrent. Il était temps d'enrayer cette vie, de renoncer à ces manœuvres qui alitaient ses forces. Il demeura, pendant quelque temps, tranquille ; mais bientôt le cervelet s'exalta, appela de nouveau aux armes. De même que ces gamines qui, sous le coup de la puberté, s'affament de mets altérés ou abjects, il en vint à rêver, à pratiquer les amours exceptionnelles, les joies déviées ; alors, ce fut la fin ; comme satisfaits d'avoir tout épuisé, comme fourbus de fatigues, ses sens tombèrent en léthargie, l'impuissance fut proche.

Il se retrouva sur le chemin, dégrisé, seul, abominablement lassé, implorant une fin que la lâcheté de sa chair l'empêchait d'atteindre.

Ses idées de se blottir, loin du monde, de se calfeutrer dans une retraite, d'assourdir, ainsi que pour ces malades dont on couvre la rue de paille, le vacarme roulant de l'inflexible vie, se renforcèrent.

Il était d'ailleurs temps de se résoudre ; le compte qu'il fit de sa fortune l'épouvanta ; en folies, en noces, il avait dévoré la majeure partie de son patrimoine, et l'autre partie, placée en terres, ne rapportait que des intérêts dérisoires.

Il se détermina à vendre le château de Lourps où il n'allait plus et où il n'oubliait derrière lui aucun souvenir attachant, aucun regret ; il liquida aussi ses autres biens, acheta des rentes sur l'État, réunit de la sorte un revenu annuel de cinquante mille livres et se réserva, en plus, une somme ronde destinée à payer et à meubler la maisonnette où il se proposait de baigner dans une définitive quiétude.

Il fouilla les environs de la capitale, et découvrit une bicoque à vendre, en haut de Fontenay-aux-Roses, dans un endroit écarté, sans voisins, près du fort : son rêve était exaucé ; dans ce pays peu ravagé par les Parisiens, il était certain d'être à l'abri ; la difficulté des communications mal assurées par un ridicule chemin de fer, situé au bout de la ville, et par de petits tramways, partant et marchant à leur guise, le rassurait. En songeant à la nouvelle existence qu'il voulait organiser, il éprouvait une allégresse d'autant plus vive qu'il se voyait retiré assez loin déjà, sur la berge, pour que le flot de Paris ne l'atteignît plus et assez près cependant pour que cette proximité de la capitale le confirmât dans sa solitude. Et, en effet, puisqu'il suffit qu'on soit dans l'impossibilité de se rendre à un endroit pour qu'aussitôt le désir d'y aller vous prenne, il avait des chances, en ne se barrant pas complètement la route, de n'être assailli par aucun regain de société, par aucun regret.

Il mit les maçons sur la maison qu'il avait acquise, puis, brusquement, un jour, sans faire part à qui que ce fût de ses projets, il se débarrassa de son ancien mobilier, congédia ses domestiques et disparut, sans laisser au concierge aucune adresse.

Chapitre 1

Plus de deux mois s'écoulèrent avant que des Esseintes pût s'immerger dans le silencieux repos de sa maison de Fontenay; des achats de toute sorte l'obligeaient à déambuler encore dans Paris, à battre la ville d'un bout à l'autre.

Et pourtant à quelles perquisitions n'avait-il pas eu recours, à quelles méditations ne s'était-il point livré, avant que de confier son logement aux tapissiers!

Il était depuis longtemps expert aux sincérités et aux faux-fuyants des tons. Jadis, alors qu'il recevait chez lui des femmes, il avait composé un boudoir où, au milieu des petits meubles sculptés dans le pâle camphrier du Japon, sous une espèce de tente en satin rose des Indes, les chairs se coloraient doucement aux lumières apprêtées que blutait l'étoffe.

Cette pièce où des glaces se faisaient écho et se renvoyaient à perte de vue, dans les murs, des enfilades de boudoirs roses, avait été célèbre parmi les filles qui se complaisaient à tremper leur nudité dans ce bain d'incarnat tiède qu'aromatisait l'odeur de menthe dégagée par le bois des meubles.

Mais, en mettant même de côté les bienfaits de cet air fardé qui paraissait transfuser un nouveau sang sous les peaux dé-fraîchies et usées par l'habitude des céruses et l'abus des nuits, il goûtait pour son propre compte, dans ce languissant milieu, des allégresses particulières, des plaisirs que rendaient extrêmes et qu'activaient, en quelque sorte, les souvenirs des maux passés, des ennuis défunts.

Ainsi, par haine, par mépris de son enfance, il avait pendu au plafond de cette pièce une petite cage en fil d'argent où un grillon enfermé chantait comme dans les cendres des chemi-nées du château de Lourps; quand il écoutait ce cri tant de fois entendu, toutes les soirées contraintes et muettes chez sa mère, tout l'abandon d'une jeunesse souffrante et refoulée, se bousculaient devant lui, et alors, aux secousses de la femme qu'il caressait machinalement et dont les paroles ou le rire rompaient sa vision et le ramenaient brusquement dans la réalité, dans le boudoir à terre, un tumulte se levait en son âme, un besoin de vengeance des tristesses endurées, une rage de salir par des turpitudes des souvenirs de famille, un désir furieux de panteler sur des coussins de chair, d'épuiser jusqu'à leurs dernières gouttes, les plus véhémentes et les plus âcres des folies charnelles.

D'autres fois encore, quand le spleen le pressait, quand par les temps pluvieux d'automne, l'aversion de la rue, du chez soi, du ciel en boue jaune, des nuages en macadam, l'assaillait, il se réfugiait dans ce réduit, agitait légèrement la cage et la regardait se répercuter à l'infini dans le jeu des glaces, jusqu'à ce que ses yeux grisés s'aperçussent que la cage ne bougeait point, mais que tout le boudoir vacillait et tournait, emplissant la maison d'une valse rose.

Puis, au temps où il jugeait nécessaire de se singulariser, des Esseintes avait aussi créé des ameublements fastueusement étranges, divisant son salon en une série de niches, diversement tapissées et pouvant se relier par une subtile analogie, par un vague accord de teintes joyeuses ou sombres, délicates ou barbares, au caractère des oeuvres latines et françaises qu'il aimait. Il s'installait alors dans celle de ces niches dont le décor lui semblait le mieux correspondre à l'essence même de l'ouvrage que son caprice du moment l'amenait à lire.

Enfin, il avait fait préparer une haute salle, destinée à la réception de ses fournisseurs; ils entraient, s'asseyaient les uns à côté des autres, dans des stalles d'église, et alors il montait dans une chaire magistrale et prêchait le sermon sur le dandysme, adjurant ses bottiers et ses tailleurs de se conformer, de la façon la plus absolue, à ses brefs en matière de coupe, les menaçant d'une excommunication pécuniaire s'ils ne suivaient pas, à la lettre, les instructions contenues dans ses monitoires et ses bulles.

Il s'acquit la réputation d'un excentrique qu'il paracheva en se vêtant de costumes de velours blanc, de gilets d'orfroi, en plantant, en guise de cravate, un bouquet de Parme dans l'échancrure décolletée d'une chemise, en donnant aux hommes de lettres des dîners retentissants un entre autres, renouvelé du XVIIIe siècle, où, pour célébrer la plus futile des mésaventures, il avait organisé un repas de deuil.

Dans la salle à manger tendue de noir, ouverte sur le jardin de sa maison subitement transformé, montrant ses allées poudrées de charbon, son petit bassin maintenant bordé d'une margelle de basalte et rempli d'encre et ses massifs tout disposés de cyprès et de pins, le dîner avait été apporté sur une nappe noire, garnie de corbeilles de violettes et de scabieuses, éclairée par des candélabres où brûlaient des flammes vertes et par des chandeliers où flambaient des cierges.

Tandis qu'un orchestre dissimulé jouait des marches funèbres, les convives avaient été servis par des négresses nues, avec des mules et des bas en toile d'argent, semée de larmes.

On avait mangé dans des assiettes bordées de noir, des soupes à la tortue, des pains de seigle russe, des olives mûres de Turquie, du caviar, des poutargues de mulets, des boudins fumés de Francfort, des gibiers aux sauces couleur de jus de réglisse et de cirage, des coulis de truffes, des crèmes ambrées au chocolat, des poudings, des brugnons, des raisinés, des mûres et des guignes; bu, dans des verres sombres, les vins de la Limagne et du Roussillon, des Tenedos, des Val de Penas et des Porto; savouré, après le café et le brou de noix, des kwas, des porter et des stout.

Le dîner de faire-part d'une virilité momentanément morte, était-il écrit sur les lettres d'invitations semblables à celles des enterrements.

Mais ces extravagances dont il se glorifiait jadis s'étaient, d'elles-mêmes, consumées; aujourd'hui, le mépris lui était venu de ces ostentations puériles et surannées, de ces vêtements anormaux, de ces embellies de logements bizarres. Il songeait simplement à se composer, pour son plaisir personnel et non plus pour l'étonnement des autres, un intérieur confortable et paré néanmoins d'une façon rare, à se façonner une installation curieuse et calme, appropriée aux besoins de sa future solitude.

Lorsque la maison de Fontenay fut prête et agencée, suivant ses désirs et ses plans, par un architecte; lorsqu'il ne resta plus qu'à déterminer l'ordonnance de l'ameublement et du décor, il passa de nouveau et longuement en revue la série des couleurs et des nuances.

Ce qu'il voulait, c'étaient des couleurs dont l'expression s'affirmât aux lumières factices des lampes; peu lui importait même qu'elles fussent, aux lueurs du jour, insipides ou rêches, car il ne vivait guère que la nuit, pensant qu'on était mieux chez soi, plus seul, et que l'esprit ne s'excitait et ne crépitait réellement qu'au contact voisin de l'ombre; il trouvait aussi une jouissance particulière à se tenir dans une chambre largement éclairée, seul éveillé et debout, au milieu des maisons enténébrées et endormies, une sorte de jouissance où il entrait peut-être une pointe de vanité, une satisfaction toute singulière, que connaissent les travailleurs attardés alors que, soulevant les rideaux des fenêtres, ils s'aperçoivent autour d'eux que tout est éteint, que tout est muet, que tout est mort.

Lentement, il tria, un à un, les tons.

Le bleu tire aux flambeaux sur un faux vert; s'il est foncé comme le cobalt et l'indigo, il devient noir; s'il est clair, il tourne au gris; s'il est sincère et doux comme la turquoise, il se ternit et se glace.

À moins donc de l'associer, ainsi qu'un adjuvant, à une autre couleur, il ne pouvait être question d'en faire la note dominante d'une pièce.

D'un autre côté, les gris fer se renfrognent encore et s'alourdissent; les gris de perle perdent leur azur et se métamorphosent en un blanc sale; les bruns s'endorment et se froidissent; quant aux verts foncés, ainsi que les verts empereur et les verts myrte, ils agissent de même que les gros bleus et fusionnent avec les noirs; restaient donc les verts plus pâles, tels que le vert paon, les cinabres et les laques, mais alors la lumière exile leur bleu et ne détient plus que leur jaune qui ne garde, à son tour, qu'un ton faux, qu'une saveur trouble.

Il n'y avait pas à songer davantage aux saumons, aux maïs et aux roses dont les efféminations contrarieraient les pensées de l'isolement; il n'y avait pas enfin à méditer sur les violets qui se dépouillent; le rouge surnage seul, le soir, et quel rouge! un rouge visqueux, un lie-de-vin ignoble; il lui paraissait d'ailleurs bien inutile de recourir à cette couleur, puisqu'en s'ingérant de la santonine, à certaine dose, l'on voit violet et qu'il est dès lors facile de se changer, et sans y toucher, la teinte de ses tentures.

Ces couleurs écartées, trois demeuraient seulement: le rouge, l'orangé, le jaune.

À toutes, il préférait l'orangé, confirmant ainsi par son propre exemple, la vérité d'une théorie qu'il déclarait d'une exactitude presque mathématique: à savoir, qu'une harmonie existe entre la nature sensuelle d'un individu vraiment artiste et la couleur que ses yeux voient d'une façon plus spéciale et plus vive.

En négligeant, en effet, le commun des hommes dont les grossières rétines ne perçoivent ni la cadence propre à chacune des couleurs, ni le charme mystérieux de leurs dégradations et de leurs nuances; en négligeant aussi ces yeux bourgeois, insensibles à la pompe et à la victoire des teintes vibrantes et fortes; en ne conservant plus alors que les gens aux pupilles raffinées, exercées par la littérature et par l'art, il lui semblait certain que l'oeil de celui d'entre eux qui rêve d'idéal, qui réclame des illusions, sollicite des voiles dans le coucher, est généralement caressé par le bleu et ses dérivés, tels que le mauve, le lilas, le gris de perle, pourvu toutefois qu'ils demeurent attendris et ne dépassent pas la lisière où il aliènent leur personnalité et se transforment en de purs violets, en de francs gris.

Les gens, au contraire, qui hussardent, les pléthoriques, les beaux sanguins, les solides mâles qui dédaignent les entrées et les épisodes et se ruent, en perdant aussitôt la tête, ceux-là se complaisent, pour la plupart, aux lueurs éclatantes des jaunes et des rouges, aux coups de cymbales des vermillons et des chromes qui les aveuglent et qui les soûlent.

Enfin, les yeux des gens affaiblis et nerveux dont l'appétit sensuel quête des mets relevés par les fumages et les saumures, les yeux des gens surexcités et étiques chérissent, presque tous, cette couleur irritante et maladive, aux splendeurs fictives, aux fièvres acides: l'orangé.

Le choix de des Esseintes ne pouvait donc prêter au moindre doute; mais d'incontestables difficultés se présentaient encore. Si le rouge et le jaune se magnifient aux lumières, il n'en est pas toujours de même de leur composé, l'orangé, qui s'emporte, et se transmue souvent en un rouge capucine, en un rouge feu.

Il étudia aux bougies toutes ses nuances, en découvrit une qui lui parut ne pas devoir se déséquilibrer et se soustraire aux exigences qu'il attendait d'elle; ces préliminaires terminés, il tâcha de ne pas user, autant que possible pour son cabinet au moins, des étoffes et des tapis de l'Orient, devenus, maintenant que les négociants enrichis se les procurent dans les magasins de nouveautés, au rabais, si fastidieux et si communs.

Il se résolut, en fin de compte, à faire relier ses murs comme des livres, avec du maroquin, à gros grains écrasés, avec de la peau du Cap, glacée par de fortes plaques d'acier, sous une puissante presse.

Les lambris une fois parés, il fit peindre les baguettes et les hautes plinthes en un indigo foncé, en un indigo laqué, semblable à celui que les carrossiers emploient pour les panneaux des voitures, et le plafond, un peu arrondi, également tendu de maroquin, ouvrit tel qu'un immense oeil-de-boeuf, enchâssé dans sa peau d'orange, un cercle de firmament en soie bleu de roi, au milieu duquel montaient, à tire-d'ailes, des séraphins d'argent, naguère brodés par la confrérie des tisserands de Cologne, pour une ancienne chape.

Après que la mise en place fut effectuée, le soir, tout cela se concilia, se tempéra, s'assit: les boiseries immobilisèrent leur bleu soutenu et comme échauffé par les oranges qui se maintinrent, à leur tour, sans s'adultérer, appuyés et, en quelque sorte, attisés qu'ils furent par le souffle pressant des bleus.

En fait de meubles, des Esseintes n'eut pas de longues recherches à opérer, le seul luxe de cette pièce devant consister en des livres et des fleurs rares; il se borna, se réservant d'orner plus tard, de quelques dessins ou de quelques tableaux, les cloisons demeurées nues, à établir sur la majeure partie de ses murs des rayons et des casiers de bibliothèque en bois d'ébène, à joncher le parquet de peaux de bêtes fauves et de fourrures de renards bleus, à installer près d'une massive table de changeur du XVe siècle, de profonds fauteuils à oreillettes et un vieux pupitre de chapelle, en fer forgé, un de ces antiques lutrins sur lesquels le diacre plaçait jadis l'antiphonaire et qui supportait maintenant l'un des pesants in-folios du Glossarium mediae et infimae latinitatis de du Cange.

Les croisées dont les vitres, craquelées, bleuâtres, parsemées de culs de bouteille aux bosses piquetées d'or, interceptaient la vue de la campagne et ne laissaient pénétrer qu'une lumière feinte, se vêtirent, à leur tour, de rideaux taillés dans de vieilles étoles, dont l'or assombri et quasi sauré, s'éteignait dans la trame d'un roux presque mort.

Enfin, sur la cheminée dont la robe fut, elle aussi, découpée dans la somptueuse étoffe d'une dalmatique florentine, entre deux ostensoirs, en cuivre doré, de style byzantin, provenant de l'ancienne Abbaye-au-Bois de Bièvre, un merveilleux canon d'église, aux trois compartiments séparés, ouvragés comme une dentelle, contint, sous le verre de son cadre, copiées sur un authentique vélin, avec d'admirables lettres de missel et de splendides enluminures: trois pièces de Baudelaire: à droite et à gauche, les sonnets portant ces titres "la Mort des Amants" - "l'Ennemi"; - au milieu, le poème en prose intitulé: "Any where out of the world. - N'importe où, hors du monde".

Chapitre 2

Après la vente de ses biens, des Esseintes garda les deux vieux domestiques qui avaient soigné sa mère et rempli tout à la fois l'office de régisseurs et de concierges du château de Lourps, demeuré jusqu'à l'époque de sa mise en adjudication inhabité et vide.

Il fit venir à Fontenay ce ménage habitué à un emploi de garde-malade, à une régularité d'infirmiers distribuant, d'heure en heure, des cuillerées de potion et de tisane, à un rigide silence de moines claustrés, sans communication avec le dehors, dans des pièces aux fenêtres et aux portes closes.

Le mari fut chargé de nettoyer les chambres et d'aller aux provisions, la femme de préparer la cuisine. Il leur céda le premier étage de la maison, les obligea à porter d'épais chaussons de feutre, fit placer des tambours le long des portes bien huilées et matelasser leur plancher de profonds tapis de manière à ne jamais entendre le bruit de leurs pas, au-dessus de sa tête.

Il convint avec eux aussi du sens de certaines sonneries, détermina la signification des coups de timbre, selon leur nombre, leur brièveté, leur longueur; désigna, sur son bureau, la place où ils devaient, tous les mois, déposer, pendant son sommeil, le livre des comptes; il s'arrangea, enfin, de façon à ne pas être souvent obligé de leur parler ou de les voir.

Néanmoins, comme la femme devait quelquefois longer la maison pour atteindre un hangar où était remisé le bois, il voulut que son ombre, lorsqu'elle traversait les carreaux de ses fenêtres, ne fût pas hostile, et il lui fit fabriquer un costume en faille flamande, avec bonnet blanc et large capuchon, baissé, noir, tel qu'en portent encore, à Gand, les femmes du béguinage. L'ombre de cette coiffe passant devant lui, dans le crépuscule, lui donnait la sensation d'un cloître, lui rappelait ces muets et dévots villages, ces quartiers morts, enfermés et enfouis dans le coin d'une active et vivante ville.

Il régla aussi les heures immuables des repas; ils étaient d'ailleurs peu compliqués et très succincts, les défaillances de son estomac ne lui permettant plus d'absorber des mets variés ou lourds.

À cinq heures, l'hiver, après la chute du jour, il déjeunait légèrement de deux oeufs à la coque, de rôties et de thé; puis il dînait vers les onze heures; buvait du café, quelquefois du thé et du vin, pendant la nuit; picorait une petite dînette, sur les cinq heures du matin, avant de se mettre au lit.

Il prenait ces repas, dont l'ordonnance et le menu étaient, une fois pour toutes, fixés à chaque commencement de saison, sur une table, au milieu d'une petite pièce, séparée de son cabinet de travail par un corridor capitonné, hermétiquement fermé, ne laissant filtrer, ni odeur, ni bruit, dans chacune des deux pièces qu'il servait à joindre.

Cette salle à manger ressemblait à la cabine d'un navire avec son plafond voûté, muni de poutres en demi-cercle ses cloisons et son plancher, en bois de pitchpin, sa petite croisée ouverte dans la boiserie, de même qu'un hublot dans un sabord.

Ainsi que ces boîtes du Japon qui entrent, les unes dans les autres, cette pièce était insérée dans une pièce plus grande, qui était la véritable salle à manger bâtie par l'architecte.

Celle-ci était percée de deux fenêtres, l'une, maintenant invisible, cachée par la cloison qu'un ressort rabattait cependant, à volonté, afin de permettre de renouveler l'air qui par cette ouverture pouvait alors circuler autour de la boîte de pitchpin et pénétrer en elle; l'autre, visible, car elle était placée juste en face du hublot pratiqué dans la boiserie, mais condamnée; en effet, un grand aquarium occupait tout l'espace compris entre ce hublot et cette réelle fenêtre ouverte dans le vrai mur. Le jour traversait donc, pour éclairer la cabine, la croisée, dont les carreaux avaient été remplacés par une glace sans tain, l'eau, et, en dernier lieu, la vitre à demeure du sabord.

Au moment où le samowar fumait sur la table, alors que, pendant l'automne, le soleil achevait de disparaître, l'eau de l'aquarium durant la matinée vitreuse et trouble, rougeoyait et tamisait sur les blondes cloisons des lueurs enflammées de braises.

Quelquefois, dans l'après-midi, lorsque, par hasard, des Esseintes était réveillé et debout, il faisait manoeuvrer le jeu des tuyaux et des conduits qui vidaient l'aquarium et le remplissaient à nouveau d'eau pure, et il y faisait verser des gouttes d'essences colorées, s'offrant, à sa guise ainsi, les tons verts ou saumâtres, opalins ou argentés, qu'ont les véritables rivières, suivant la couleur du ciel, l'ardeur plus ou moins vive du soleil, les menaces plus ou moins accentuées de la pluie, suivant, en un mot, l'état de la saison et de l'atmosphère. *Obsession with weather*

Il se figurait alors être dans l'entre-pont d'un brick, et curieusement il contemplait de merveilleux poissons mécaniques, montés comme des pièces d'horlogerie, qui passaient devant la vitre du sabord et s'accrochaient dans de fausses herbes; ou bien, tout en aspirant la senteur du goudron, qu'on insufflait dans la pièce avant qu'il y entrât, il examinait, pendues aux murs, des gravures en couleur représentant, ainsi que dans les agences des paquebots et des Lloyd, des steamers en route pour Valparaiso et la Plata, et des tableaux encadrés sur lesquels étaient inscrits les itinéraires de la ligne du Royal Mail Steam Packet, des compagnies Lopez et Valéry, les frets et les escales des services postaux de l'Atlantique.

Puis, quand il était las de consulter ces indicateurs, il se reposait la vue en regardant les chronomètres et les boussoles, *compass /* les sextants et les compas, les jumelles et les cartes éparpillées *barometre.* sur une table au-dessus de laquelle se dressait un seul livre, relié en veau marin, les aventures d'Arthur Gordon Pym, spécialement tiré pour lui, sur papier vergé, pur fil, trié à la feuille, avec une mouette en filigrane.

Il pouvait apercevoir enfin des cannes à pêche, des filets brunis au tan, des rouleaux de voiles rousses, une ancre minuscule en liège, peinte en noir, jetés en tas, près de la porte qui communiquait avec la cuisine par un couloir garni de capitons et résorbait, de même que le corridor rejoignant la salle à manger au cabinet de travail, toutes les odeurs et tous les bruits.

Il se procurait ainsi, en ne bougeant point, les sensations rapides, presque instantanées, d'un voyage au long cours, et ce plaisir du déplacement qui n'existe, en somme, que par le souvenir et presque jamais dans le présent, à la minute même où il s'effectue, il le humait pleinement, à l'aise, sans fatigue, sans tracas, dans cette cabine dont le désordre apprêté, dont la tenue transitoire et l'installation comme temporaire correspondaient assez exactement avec le séjour passager qu'il y faisait, *disorder*

Imaginary world at sea.

avec le temps limité de ses repas, et contrastait, d'une manière absolue, avec son cabinet de travail, une pièce définitive, rangée, bien assise, outillée pour le ferme maintien d'une existence casanière.

Le mouvement lui paraissait d'ailleurs inutile et l'imagination lui semblait pouvoir aisément suppléer à la vulgaire réalité des faits. à son avis, il était possible de contenter les désirs réputés les plus difficiles à satisfaire dans la vie normale, et cela par un léger subterfuge, par une approximative sophistication de l'objet poursuivi par ces désirs mêmes. Ainsi, il est bien évident que tout gourmet se délecte aujourd'hui, dans les restaurants renommés par l'excellence de leurs caves, en buvant les hauts crus fabriqués avec de basses vinasses traitées suivant la méthode de M. Pasteur. Or, vrais et faux, ces vins ont le même arôme, la même couleur, le même bouquet, et par conséquent le plaisir qu'on éprouve en dégustant ces breuvages altérés et factices est absolument identique à celui que l'on goûterait en savourant le vin naturel et pur qui serait introuvable, même à prix d'or.

En transportant cette captieuse déviation, cet adroit mensonge dans le monde de l'intellect, nul doute qu'on ne puisse, et aussi facilement que dans le monde matériel, jouir de chimériques délices semblables, en tous points, aux vraies; nul doute, par exemple, qu'on ne puisse se livrer à de longues explorations, au coin de son feu, en aidant, au besoin, l'esprit rétif ou lent, par la suggestive lecture d'un ouvrage racontant de lointains voyages; nul doute aussi, qu'on ne puisse, - sans bouger de Paris - acquérir la bienfaisante impression d'un bain de mer; il suffirait, tout bonnement de se rendre au bain Vigier, situé, sur un bateau, en pleine Seine.

Là, en faisant saler l'eau de sa baignoire et en y mêlant, suivant la formule du Codex, du sulfate de soude, de l'hydrochlorate de magnésie et de chaux; en tirant d'une boîte soigneusement fermée par un pas de vis, une pelote de ficelle ou un tout petit morceau de câble qu'on est allé exprès chercher dans l'une de ces grandes corderies dont les vastes magasins et les sous-sols soufflent des odeurs de marée et de port; en aspirant ces parfums que doit conserver encore cette ficelle ou ce bout de câble; en consultant une exacte photographie du casino et en lisant ardemment le guide Joanne décrivant les beautés de la plage où l'on veut être; en se laissant enfin bercer par les vagues que soulève, dans la baignoire, le remous des bateaux-mouches rasant le ponton des bains; en écoutant enfin les plaintes du vent engouffré sous les arches et le bruit sourd des omnibus roulant, à deux pas, au-dessus de vous, sur le pont Royal, l'illusion de la mer est indéniable, impérieuse, sûre.

Le tout est de savoir s'y prendre, de savoir concentrer son esprit sur un seul point, de savoir s'abstraire suffisamment pour amener l'hallucination et pouvoir substituer le rêve de la réalité à la réalité même. *Dream instead of live normally.*

Au reste, l'artifice paraissait à des Esseintes la marque distinctive du génie de l'homme.

Comme il le disait, la nature a fait son temps; elle a définitivement lassé, par la dégoûtante uniformité de ses paysages et de ses ciels, l'attentive patience des raffinés. Au fond, quelle platitude de spécialiste confinée dans sa partie, quelle petitesse de boutiquière tenant tel article à l'exclusion de tout autre, quel monotone magasin de prairies et d'arbres, quelle banale agence de montagnes et de mers! *end of nature.*

Il n'est, d'ailleurs, aucune de ses inventions réputée si subtile ou si grandiose que le génie humain ne puisse créer; aucune forêt de Fontainebleau, aucun clair de lune que des décors inondés de jets électriques ne produisent; aucune cascade que l'hydraulique n'imite à s'y méprendre; aucun roc que le carton-pâte ne s'assimile; aucune fleur que de spécieux taffetas et de délicats papiers peints n'égalent! *Nature come to an end → exhausted herself.*

À n'en pas douter, cette sempiternelle radoteuse a maintenant usé la débonnaire admiration des vrais artistes, et le moment est venu où il s'agit de la remplacer, autant que faire se pourra, par l'artifice. *Nature = artist → femme.*

Et puis, à bien discerner celle de ses oeuvres considérée comme la plus exquise, celle de ses créations dont la beauté est, de l'avis de tous, la plus originale et la plus parfaite: la femme; est-ce que l'homme n'a pas, de son côté, fabriqué, à lui tout seul, un être animé et factice qui la vaut amplement, au point de vue de la beauté plastique? est-ce qu'il existe, ici-bas, un être conçu dans les joies d'une fornication et sorti des douleurs d'une matrice dont le modèle, dont le type soit plus éblouissant, plus splendide que celui de ces deux locomotives adoptées sur la ligne du chemin de fer du Nord?

L'une, la Crampton, une adorable blonde, à la voix aiguë, à la grande taille frêle, emprisonnée dans un étincelant corset de cuivre, au souple et nerveux allongement de chatte, une blonde pimpante et dorée, dont l'extraordinaire grâce épouvante lorsque, raidissant, ses muscles d'acier, activant la sueur de ses flancs tièdes, elle met en branle l'immense rosace de sa fine roue et s'élance toute vivante, en tête des rapides et des marées?

L'autre, l'Engerth, une monumentale et sombre brune aux cris sourds et rauques, aux reins trapus, étranglés dans une cuirasse en fonte, une monstrueuse bête, à la crinière échevelée de fumée noire, aux six roues basses et accouplées, quelle écrasante puissance lorsque, faisant trembler la terre, elle remorque pesamment, lentement, la lourde queue de ses marchandises!

Il n'est certainement pas, parmi les frêles beautés blondes et les majestueuses beautés brunes, de pareils types de sveltesse délicate et de terrifiante force; à coup sûr, on peut le dire: l'homme a fait, dans son genre, aussi bien que le Dieu auquel il croit.

Ces réflexions venaient à des Esseintes quand la brise apportait jusqu'à lui le petit sifflet de l'enfantin chemin de fer qui joue de la toupie, entre Paris et Sceaux; sa maison était située à vingt minutes environ de la station de Fontenay, mais la hauteur où elle était assise, son isolement, ne laissaient pas pénétrer jusqu'à elle le brouhaha des immondes foules qu'attire invinciblement, le dimanche, le voisinage d'une gare.

Quant au village même, il le connaissait à peine. Par sa fenêtre, une nuit, il avait contemplé le silencieux paysage qui se développe, en descendant, jusqu'au pied d'un coteau, sur le sommet duquel se dressent les batteries du bois de Verrières.

Dans l'obscurité, à gauche, à droite, des masses confuses s'étageaient, dominées, au loin, par d'autres batteries et d'autres forts dont les hauts talus semblaient, au clair de la lune, gouachés avec de l'argent, sur un ciel sombre.

Rétrécie par l'ombre tombée des collines, la plaine paraissait, à son milieu, poudrée de farine d'amidon et enduite de blanc cold-cream; dans l'air tiède, éventant les herbes décolorées et distillant de bas parfums d'épices, les arbres frottés de craie par la lune, ébouriffaient de pâles feuillages et dédoublaient leurs troncs dont les ombres barraient de raies noires le sol en plâtre sur lequel des caillasses scintillaient ainsi que des éclats d'assiettes.

En raison de son maquillage et de son air factice, ce paysage ne déplaisait pas à des Esseintes; mais, depuis cette après-midi occupée dans le hameau de Fontenay à la recherche d'une maison, jamais il ne s'était, pendant le jour, promené sur les routes; la verdure de ce pays ne lui inspirait, du reste, aucun intérêt, car elle n'offrait même pas ce charme délicat et dolent que dégagent les attendrissantes et maladives végétations poussées, à grand-peine, dans les gravats des banlieues, près des remparts. Puis, il avait aperçu, dans le village, ce jour-là, des bourgeois ventrus, à favoris, et des gens costumés, à moustaches, portant, ainsi que des saints-sacrements, des têtes de magistrats et de militaires; et, depuis cette rencontre, son horreur s'était encore accrue, de la face humaine.

Pendant les derniers mois de son séjour à Paris, alors que, revenu de tout, abattu par l'hypocondrie, écrasé par le spleen, il était arrivé à une telle sensibilité de nerfs que la vue d'un objet ou d'un être déplaisant se gravait profondément dans sa cervelle, et qu'il fallait plusieurs jours pour en effacer même légèrement l'empreinte, la figure humaine frôlée, dans la rue, avait été l'un de ses plus lancinants supplices.

Positivement, il souffrait de la vue de certaines physionomies, considérait presque comme des insultes les mines paternes ou rêches de quelques visages, se sentait des envies de souffleter ce monsieur qui flânait, en fermant les paupières d'un air docte, cet autre qui se balançait, en se souriant devant les glaces; cet autre enfin qui paraissait agiter un monde de pensées, tout en dévorant, les sourcils contractés, les tartines et les faits divers d'un journal.

Il flairait une sottise si invétérée, une telle exécration pour ses idées à lui, un tel mépris pour la littérature, pour l'art, pour tout ce qu'il adorait, implantés, ancrés dans ces étroits cerveaux de négociants, exclusivement préoccupés de filouteries et d'argent et seulement accessibles à cette basse distraction des esprits médiocres, la politique, qu'il rentrait en rage chez lui et se verrouillait avec ses livres.

Enfin, **il** hai:ssait, de toutes ses forces, les generations nouvelles, ces couches d•affreux rustres qui eprouvent le besoin de
parler et de rire haut dans les restaurants et dans les cafes, qui
vous bousculent, sans demander pardon, sur les trottoirs, qui
vous jettent, sans meme s•excuser, sans meme saluer, les roues
d•une voiture d•enfant, entre les jambes.

shelves

Une partie des rayons plaqués contre les murs de son cabinet, orange et bleu, était exclusivement couverte par des ouvrages latins, par ceux que les intelligences qu'ont domestiquées les déplorables leçons ressassées dans les Sorbonnes désignent sous ce nom générique: la décadence. *comical.*

En effet, la langue latine, telle qu'elle fut pratiquée à cette époque que les professeurs s'obstinent encore à appeler le grand siècle ne l'incitait guère. Cette langue restreinte, aux tournures comptées, presque invariables, sans souplesse de syntaxe, sans couleurs, ni nuances; cette langue, râclée sur toutes les coutures, émondée des expressions rocailleuses mais parfois imagées des âges précédents, pouvait, à la rigueur, énoncer les majestueuses rengaines, les vagues lieux communs rabâchés par les rhéteurs et par les poètes, mais elle dégageait une telle incuriosité, un tel ennui qu'il fallait, dans les études de linguistique, arriver au style français du siècle de Louis XIV, pour en rencontrer une aussi volontairement débilitée, aussi solennellement harassante et grise.

Entre autres le doux Virgile, celui que les pions surnomment le cygne de Mantoue, sans doute parce qu'il n'est pas né dans cette ville, lui apparaissait, ainsi que l'un des plus terribles cuistres, l'un des plus sinistres raseurs que l'antiquité ait jamais produits; ses bergers lavés et pomponnés, se déchargeant, à tour de rôle, sur la tête de pleins pots de vers sentencieux et glacés, son Orphée qu'il compare à un rossignol en larmes, son Aristée qui pleurniche à propos d'abeilles, son Enée, ce personnage indécis et fluent qui se promène, pareil à une ombre chinoise, avec des gestes en bois, derrière le transparent mal assujetti et mal huilé du poème, l'exaspéraient. Il eût bien accepté les fastidieuses balivernes que ces marionnettes échangent entre elles, à la cantonade; il eût accepté encore les impudents emprunts faits à Homère, à Théocrite, à

Ennius, à Lucrèce, le simple vol que nous a révélé Macrobe du deuxième chant de l'Enéide presque copié, mots pour mots, dans un poème de Pisandre, enfin toute l'inénarrable vacuité de ce tas de chants; mais ce qui l'horripilait davantage c'était la facture de ces hexamètres, sonnant le fer blanc, le bidon creux, allongeant leurs quantités de mots pesés au litre selon l'immuable ordonnance d'une prosodie pédante et sèche; c'était la contexture de ces vers râpeux et gourmés, dans leur tenue officielle, dans leur basse révérence à la grammaire, de ces vers coupés, à la mécanique, par une imperturbable césure, tamponnés en queue, toujours de la même façon, par le choc d'un dactyle contre un spondée.

Empruntée à la forge perfectionnée de Catulle, cette invariable métrique, sans fantaisie, sans pitié, bourrée de mots inutiles, de remplissages, de chevilles aux boucles identiques et prévues; cette misère de l'épithète homérique revenant sans cesse, pour ne rien désigner, pour ne rien faire voir, tout cet indigent vocabulaire aux teintes insonores et plates, le suppliciaient.

Il est juste d'ajouter que si son admiration pour Virgile était des plus modérées et que si son attirance pour les claires éjections d'Ovide était des plus discrètes et des plus sourdes, son dégoût pour les grâces éléphantines d'Horace, pour le babillage de ce désespérant pataud qui minaude avec des gaudrioles plâtrées de vieux clown, était sans borne.

En prose, la langue verbeuse, les métaphores redondantes, les digressions amphigouriques du Pois Chiche, ne le ravissaient pas davantage; la jactance de ses apostrophes, le flux de ses rengaines patriotiques, l'emphase de ses harangues, la pesante masse de son style, charnu, nourri, mais tourné à la graisse et privé de moelles et d'os, les insupportables scories de ses longs adverbes ouvrant la phrase, les inaltérables formules de ses adipeuses périodes mal liées entre elles par le fil des conjonctions, enfin ses lassantes habitudes de tautologie, ne le séduisaient guère; et, pas beaucoup plus que Cicéron, César, réputé pour son laconisme, ne l'enthousiasmait; car l'excès contraire se montrait alors, une aridité de pète sec, une stérilité de memento, une constipation incroyable et indue.

Somme toute, il ne trouvait pâture ni parmi ces écrivains ni parmi ceux qui font cependant les délices des faux lettrés:

Salluste moins décoloré que les autres pourtant; Tite-Live sentimental et pompeux; Sénèque turgide et blafard; Suétone, lymphatique et larveux; Tacite, le plus nerveux dans sa concision apprêtée, le plus âpre, le plus musclé d'eux tous. En poésie, Juvénal, malgré quelques vers durement bottés, Perse, malgré ses insinuations mystérieuses, le laissaient froid. En négligeant Tibulle et Properce, Quintilien et les Pline, Stace, Martial de Bilbilis, Térence même et Plaute dont le jargon plein de néologismes, de mots composés, de diminutifs, pouvait lui plaire, mais dont le bas comique et le gros sel lui répugnaient, des Esseintes commençait seulement à s'intéresser à la langue latine avec Lucain, car elle était élargie, déjà plus expressive et moins chagrine; cette armature travaillée, ces vers plaqués d'émaux, pavés de joaillerie, le captivaient, mais cette préoccupation exclusive de la forme, ces sonorités de timbres, ces éclats de métal, ne lui masquaient pas entièrement le vide de la pensée, la boursouflure de ces ampoules qui bossuent la peau de la Pharsale.

L'auteur qu'il aimait vraiment et qui lui faisait reléguer pour jamais hors de ses lectures les retentissantes adresses de Lucain, c'était Pétrone.

Celui-là était un observateur perspicace, un délicat analyste, un merveilleux peintre; tranquillement, sans parti pris, sans haine, il décrivait la vie journalière de Rome, racontait dans les alertes petits chapitres du Satyricon, les moeurs de son époque.

Notant à mesure les faits, les constatant dans une forme définitive, il déroulait la menue existence du peuple, ses épisodes, ses bestialités, ses ruts.

Ici, c'est l'inspecteur des garnis qui vient demander le nom des voyageurs récemment entrés; là, ce sont des lupanars où des gens rôdent autour de femmes nues, debout entre des écriteaux, tandis que par les portes mal fermées des chambres, l'on entrevoit les ébats des couples; là, encore, au travers des villas d'un luxe insolent, d'une démence de richesses et de faste, comme au travers des pauvres auberges qui se succèdent dans le livre, avec leurs lits de sangle défaits, pleins de punaises, la société du temps s'agite: impurs filous, tels qu'Ascylte et qu'Eumolpe, à la recherche d'une bonne aubaine; vieux incubes aux robes retroussées, aux joues plâtrées de blanc de plomb et de rouge acacia; gitons de seize ans, dodus et frisés; femmes en proie aux attaques de l'hystérie; coureurs d'héritages offrant leurs garçons et leurs filles aux débauches des testateurs; tous courent le long des pages, discutent dans les rues, s'attouchent dans les bains, se rouent de coups ainsi que dans une pantomime. Less refined. exposing the ugly.

Et cela raconté dans un style d'une verdeur étrange, d'une couleur précise, dans un style puisant à tous les dialectes, empruntant des expressions à toutes les langues charriées dans Rome, reculant toutes les limites, toutes les entraves du soi-disant grand siècle, faisant parler à chacun son idiome: aux affranchis, sans éducation, le latin populacier, l'argot de la rue; aux étrangers leur patois barbare, mâtiné d'africain, de syrien et de grec; aux pédants imbéciles, comme l'Agamemnon du livre, une rhétorique de mots postiches. Ces gens sont dessinés d'un trait, vautrés autour d'une table, échangeant d'insipides propos d'ivrognes, débitant de séniles maximes, d'ineptes dictons, le mufle tourné vers le Trimalchio qui se cure les dents, offre des pots de chambre à la société, l'entretient de la santé de ses entrailles et vente, en invitant ses convives à se mettre à l'aise.

Ce roman réaliste, cette tranche découpée dans le vif de la vie romaine, sans préoccupation, quoi qu'on en puisse dire, de réforme et de satire, sans besoin de fin apprêtée et de morale; cette histoire, sans intrigue, sans action, mettant en scène les aventures de gibiers de Sodome; analysant avec une placide finesse les joies et les douleurs de ces amours et de ces couples; dépeignant, en une langue splendidement orfévrie, sans que l'auteur se montre une seule fois, sans qu'il se livre à aucun commentaire, sans qu'il approuve ou maudisse les actes et les pensées de ses personnages, les vices d'une civilisation décrépite, d'un empire qui se fêle poignait des Esseintes et il entrevoyait dans le raffinement du style, dans l'acuité de l'observation, dans la fermeté de la méthode, de singuliers rapprochements, de curieuses analogies, avec les quelques romans français modernes qu'il supportait.

à coup sûr, il regrettait amèrement l'Eustion et l'Albutia, ces deux ouvrages de Pétrone que mentionne Planciade Fulgence et qui sont à jamais perdus; mais le bibliophile qui était en lui consolait le lettré, maniant avec des mains dévotes la superbe édition qu'il possédait du Satyricon, l'in-8 portant le millésime 1585 et le nom de J. Dousa, à Leyde.

Partie de Pétrone, sa collection latine entrait dans le IIe siècle de l'ère chrétienne, sautait le déclamateur Fronton, aux termes surannés, mal réparés, mal revernis, enjambait les Nuits attiques d'Aulu-Gelle, son disciple et ami, un esprit sagace et fureteur, mais un écrivain empêtré dans une glutineuse vase et elle faisait halte devant Apulée dont il gardait l'édition princeps, in-folio, imprimée en 1469, à Rome.

Cet Africain le réjouissait; la langue latine battait le plein dans ses Métamorphoses; elle roulait des limons, des eaux variées, accourues de toutes les provinces, et toutes se mêlaient, se confondaient en une teinte bizarre, exotique, presque neuve; des maniérismes, des détails nouveaux de la société latine trouvaient à se mouler en des néologismes créés pour les besoins de la conversation, dans un coin romain de l'Afrique; puis sa jovialité d'homme évidemment gras, son exubérance méridionale amusaient. Il apparaissait ainsi qu'un salace et gai compère à côté des apologistes chrétiens qui vivaient, au même siècle, le soporifique Minucius Félix, un pseudo-classique, écoulant dans son Octavius les émulsines encore épaissies de Cicéron, voire même Tertullien qu'il conservait peut-être plus pour son édition de Alde, que pour son oeuvre même.

Bien qu'il fût assez ferré sur la théologie, les disputes des montanistes contre l'église catholique, les polémiques contre la gnose, le laissaient froid; aussi, et malgré la curiosité du style de Tertullien, un style concis, plein d'amphibologies, reposé sur des participes, heurté par des oppositions, hérissé de jeux de mots et de pointes, bariolé de vocables triés dans la science juridique et dans la langue des Pères de l'église grecque, il n'ouvrait plus guère l'Apologétique et le Traité de la Patience et, tout au plus, lisait-il quelques pages du De cultu feminarum où Tertullien objurgue les femmes de ne pas se parer de bijoux et d'étoffes précieuses, et leur défend l'usage des cosmétiques parce qu'ils essayent de corriger la nature et de l'embellir.

Ces idées, diamétralement opposées aux siennes, le faisaient sourire; puis le rôle joué par Tertullien, dans son évêché de Carthage, lui semblait suggestif en rêveries douces; plus que ses oeuvres, en réalité l'homme l'attirait.

Il avait, en effet, vécu dans des temps houleux, secoués par d'affreux troubles, sous Caracalla, sous Macrin, sous l'étonnant grand-prêtre d'émèse, élagabal, et il préparait tranquillement ses sermons, ses écrits dogmatiques, ses plaidoyers, ses homélies, pendant que l'Empire romain branlait sur ses bases, que les folies de l'Asie, que les ordures du paganisme coulaient à pleins bords il recommandait, avec le plus beau sang-froid, l'abstinence charnelle, la frugalité des repas, la sobriété de la toilette, alors que, marchant dans de la poudre d'argent et du sable d'or, la tête ceinte d'une tiare, les vêtements brochés de pierreries, élagabal travaillait, au milieu de ses eunuques, à des ouvrages de femmes, se faisait appeler Impératrice et changeait, toutes les nuits, d'Empereur, l'élisant de préférence parmi les barbiers, les gâte-sauce, et les cochers de cirque.

Cette antithèse le ravissait; puis la langue latine, arrivée à sa maturité suprême sous Pétrone, allait commencer à se dissoudre; la littérature chrétienne prenait place, apportant avec des idées neuves, des mots nouveaux, des constructions inemployées, des verbes inconnus, des adjectifs aux sens alambiqués, des mots abstraits, rares jusqu'alors dans la langue romaine, et dont Tertullien avait, l'un des premiers, adopté l'usage.   *dégénération.*

Seulement, cette déliquescence continuée après la mort de Tertullien, par son élève saint Cyprien, par Arnobe, par le pâteux Lactance, était sans attrait. C'était un faisandage incomplet et alenti; c'étaient de gauches retours aux emphases cicéroniennes, n'ayant pas encore ce fumet spécial qu'au Ve siècle, et surtout pendant les siècles qui vont suivre, l'odeur du christianisme donnera à la langue païenne, décomposée comme une venaison, s'émiettant en même temps que s'effritera la civilisation du vieux monde, en même temps que s'écrouleront, sous la poussée des Barbares, les Empires putréfiés par la sanie des siècles.

Un seul poète chrétien, Commodien de Gaza représentait dans sa bibliothèque l'art de l'an III. Le Carmen apologeticum, écrit en 259, est un recueil d'instructions, tortillées en acrostiches, dans des hexamètres populaires, césurés selon le mode du vers héroïque, composés sans égard à la quantité et à l'hiatus et souvent accompagnés de rimes telles que le latin d'église en fournira plus tard de nombreux exemples.

Ces vers tendus, sombres, sentant le fauve, pleins de termes de langage usuel, de mots aux sens primitifs détournés, le requéraient, l'intéressaient même davantage que le style pourtant blet et déjà verdi des historiens Ammien Marcellin et Aurelius Victor, de l'épistolier Symmaque et du compilateur et grammairien Macrobe; il les préférait même à ces véritables vers scandés, à cette langue tachetée et superbe que parlèrent Claudien, Rutilius et Ausone.

Ceux-là étaient alors les maîtres de l'art; ils emplissaient l'Empire mourant, de leurs cris; le chrétien Ausone, avec son Centon Nuptial et son poème abondant et paré de la Moselle; Rutilius, avec ses hymnes à la gloire de Rome, ses anathèmes contre les juifs et contre les moines, son itinéraire d'Italie en Gaule, où il arrive à rendre certaines impressions de la vue, le vague des paysages reflétés dans l'eau, le mirage des vapeurs, l'envolée des brumes entourant les monts.

Claudien, une sorte d'avatar de Lucain, qui domine tout le IVe siècle avec le terrible clairon de ses vers; un poète forgeant un hexamètre éclatant et sonore, frappant, dans des gerbes d'étincelles, l'épithète d'un coup sec, atteignant une certaine grandeur, soulevant son oeuvre d'un puissant souffle. Dans l'Empire d'Occident qui s'effondre de plus en plus, dans le gâchis des égorgements réitérés qui l'entourent; dans la menace perpétuelle des Barbares qui se pressent maintenant en foule aux portes de l'Empire dont les gonds craquent, il ranime l'antiquité, chante l'enlèvement de Proserpine, plaque ses couleurs vibrantes, passe avec tous ses feux allumés dans l'obscurité qui envahit le monde.

Le paganisme revit en lui, sonnant sa dernière fanfare, élevant son dernier grand poète au-dessus du christianisme qui va désormais submerger entièrement la langue, qui va, pour toujours maintenant, rester seul maître de l'art, avec Paulin, l'élève d'Ausone; le prêtre espagnol, Juvencus, qui paraphrase en vers les évangiles; Victorin, l'auteur des Macchabées; Sanctus Burdigalensis qui, dans une églogue imitée de Virgile, fait déplorer aux pâtres Egon et Buculus, les maladies de leurs troupeaux; et toute la série des saints: Hilaire de Poitiers, le défenseur de la foi de Nicée, l'Athanase de l'Occident, ainsi qu'on l'appelle; Ambroise, l'auteur d'indigestes homélies, l'ennuyeux Cicéron chrétien; Damase, le fabricant d'épigrammes lapidaires, Jérôme, le traducteur de la Vulgate, et son adversaire Vigilantius de Comminges qui attaque le culte des saints, l'abus des miracles, les jeûnes, et prêche déjà, avec des arguments que les âges se répéteront, contre les voeux monastiques et le célibat des prêtres.

Enfin au Ve siècle, Augustin, évêque d'Hippone. Celui-là, des Esseintes ne le connaissait que trop, car il était l'écrivain le plus réputé de l'église, le fondateur de l'orthodoxie chrétienne, celui que les catholiques considèrent comme un oracle, comme un souverain maître. Aussi ne l'ouvrait-il plus, bien qu'il eût chanté, dans ses Confessions, le dégoût de la terre et que sa piété gémissante eût, dans sa Cité de Dieu, essayé d'apaiser l'effroyable détresse du siècle par les sédatives promesses de destinées meilleures. Au temps où il pratiquait la théologie, il était déjà las, saoul de ses prédications et de ses jérémiades, de ses théories sur la prédestination et sur la grâce, de ses combats contre les schismes.

Il aimait mieux feuilleter la Psychomachia de Prudence, l'inventeur du poème allégorique qui, plus tard, sévira sans arrêt, au moyen âge, et les oeuvres de Sidoine Apollinaire dont la correspondance lardée de saillies, de pointes, d'archaïsmes, d'énigmes, le tentait. Volontiers, il relisait les panégyriques où cet évêque invoque, à l'appui de ses vaniteuses louanges, les déités du paganisme, et, malgré tout, il se sentait un faible pour les affectations et les sous-entendus de ces poésies fabriquées par un ingénieux mécanicien qui soigne sa machine, huile ses rouages, en invente, au besoin, de compliqués et d'inutiles.

Après Sidoine, il fréquentait encore le panégyriste Mérobaudes; Sédulius, l'auteur de poèmes rimés et d'hymnes abécédaires dont l'église s'est approprié certaines parties pour les besoins de ses offices; Marius Victor, dont le ténébreux traité sur la Perversité des moeurs s'éclaire, çà et là, de vers luisants comme du phosphore; Paulin de Pella, le poète du grelottant Eucharisticon; Orientius, l'évêque d'Auch, qui, dans les distiques de ses Monitoires, invective la licence des femmes dont il prétend que les visages perdent les peuples.

L'intérêt que portait des Esseintes à la langue latine ne faiblissait pas, maintenant que complètement pourrie, elle pendait, perdant ses membres, coulant son pus, gardant à peine,

Bishop.

Latin language = France.

dans toute la corruption de son corps, quelques parties fermes que les chrétiens détachaient afin de les mariner dans la saumure de leur nouvelle langue.

La seconde moitié du Ve siècle était venue, l'épouvantable époque où d'abominables cahots bouleversaient la terre. Les Barbares saccageaient la Gaule; Rome paralysée, mise au pillage par les Wisigoths, sentait sa vie se glacer, voyait ses parties extrêmes, l'Occident et l'Orient, se débattre dans le sang, s'épuiser de jour en jour.

Dans la dissolution générale, dans les assassinats de césars qui se succèdent, dans le bruit des carnages qui ruissellent d'un bout de l'Europe à l'autre, un effrayant hourra retentit, étouffant les clameurs, couvrant les voix. Sur la rive du Danube, des milliers d'hommes, plantés sur de petits chevaux, enveloppés de casaques de peaux de rats, des Tartares affreux, avec d'énormes têtes, des nez écrasés, des mentons ravinés de cicatrices et de balafres, des visages de jaunisse dépouillés de poils, se précipitent, ventre à terre, enveloppent d'un tourbillon, les territoires des Bas-Empires.

Tout disparut dans la poussière des galops, dans la fumée des incendies. Les ténèbres se firent et les peuples consternés tremblèrent, écoutant passer, avec un fracas de tonnerre, l'épouvantable trombe. La horde des Huns rasa l'Europe, se rua sur la Gaule, s'écrasa dans les plaines de Châlons où Aétius la pila dans une effroyable charge. La plaine, gorgée de sang, moutonna comme une mer de pourpre, deux cent mille cadavres barrèrent la route, brisèrent l'élan de cette avalanche qui, déviée, tomba, éclatant en coups de foudre, sur l'Italie où les villes exterminées flambèrent comme des meules.

L'Empire d'Occident croula sous le choc; la vie agonisante qu'il traînait dans l'imbécillité et dans l'ordure s'éteignit; la fin de l'univers semblait d'ailleurs proche; les cités oubliées par Attila étaient décimées par la famine et par la peste; le latin parut s'effondrer, à son tour, sous les ruines du monde.

Des années s'écoulèrent; les idiomes barbares commençaient à se régler, à sortir de leurs gangues, à former de véritables langues; le latin sauvé dans la débâcle par les cloîtres se confina parmi les couvents et parmi les cures; çà et là, quelques poètes brillèrent, lents et froids: l'Africain Dracontius avec son Hexameron, Claudius Mamert, avec ses poésies liturgiques;

Avitus de Vienne; puis des biographes, tels qu'Ennodius qui raconte les prodiges de saint épiphane, le diplomate perspicace et vénéré, le probe et vigilant pasteur; tels qu'Eugippe qui nous a retracé l'incomparable vie de saint Séverin, cet ermite mystérieux, cet humble ascète, apparu, semblable à un ange de miséricorde, aux peuples éplorés, fous de souffrances et de peur; des écrivains tels que Véranius du Gévaudan qui prépara un petit traité sur la continence, tels qu'Aurélian et Ferreolus qui compilèrent des canons ecclésiastiques; des historiens tels que Rothérius d'Agde, fameux par une histoire perdue des Huns.

Les ouvrages des siècles suivants se clairsemaient dans la bibliothèque de des Esseintes. Le VIe siècle était cependant encore représenté par Fortunat, l'évêque de Poitiers, dont les hymnes et le Vexilla regis, taillés dans la vieille charogne de la langue latine, épicée par les aromates de l'église, le hantaient à certains jours; par Boëce, le vieux Grégoire de Tours et Jornandès; puis, aux VIIe et VIIIe siècles, comme, en sus de la basse latinité des chroniqueurs, des Frédégaire et des Paul Diacre, et des poésies contenues dans l'antiphonaire de Bangor dont il regardait parfois l'hymne alphabétique et monorime, chantée en l'honneur de saint Comgill, la littérature se confinait presque exclusivement dans des biographies de saints, dans la légende de saint Columban écrite par le cénobite Jonas, et celle du bienheureux Cuthbert, rédigée par Bède le Vénérable sur les notes d'un moine anonyme de Lindisfarn, il se bornait à feuilleter, dans ses moments d'ennui, l'oeuvre de ces hagiographes et à relire quelques extraits de la vie de sainte Rusticula et de sainte Radegonde, relatées, l'une, par Defensorius, synodite de Ligugé, l'autre, par la modeste et la naïve Baudonivia, religieuse de Poitiers.

Mais de singuliers ouvrages de la littérature latine, anglo-saxonne, l'alléchaient davantage: c'était toute la série des énigmes d'Adhelme, de Tatwine, d'Eusèbe, ces descendants de Symphosius, et surtout les énigmes composées par saint Boniface, en des strophes acrostiches dont la solution se trouvait donnée par les lettres initiales des vers.

Son attirance diminuait avec la fin de ces deux siècles; peu ravi, en somme, par la pesante masse des latinistes carlovingiens, les Alcuin et les Eginhard, il se contentait, comme spécimen de la langue au IXe siècle, des chroniques de l'anonyme de saint Gall, de Fréculfe et de Réginon, du poème sur le siège de Paris tissé par Abbo le Courbé, de l'Hortulus, le poème didactique du bénédictin Walafrid Strabo, dont le chapitre consacré à la gloire de la citrouille, symbole de la fécondité, le mettait en liesse; du poème d'Ermold le Noir, célébrant les exploits de Louis le Débonnaire, un poème écrit en hexamètres réguliers, dans un style austère, presque noir, dans un latin de fer trempé dans les eaux monastiques, avec, çà et là, des pailles de sentiment dans le dur métal; du De viribus herbarum, le poème de Macer Floridus, qui le délectait particulièrement par ses recettes poétiques et les très étranges vertus qu'il prête à certaines plantes, à certaines fleurs: à l'aristoloche, par exemple, qui, mélangée à de la chair de boeuf et placée sur le bas-ventre d'une femme enceinte, la fait irrémédiablement accoucher d'un enfant mâle; à la bourrache qui, répandue en infusion dans une salle à manger, égaye les convives; à la pivoine dont la racine broyée guérit à jamais du haut mal; au fenouil qui, posé sur la poitrine d'une femme, clarifie ses eaux et stimule l'indolence de ses périodes.

À part quelques volumes spéciaux, inclassés; modernes ou sans date, certains ouvrages de kabbale, de médecine et de botanique; certains tomes dépareillés de la patrologie de Migne, renfermant des poésies chrétiennes introuvables, et de l'anthologie des petits poètes latins de Wernsdorff, à part le Meursius, le manuel d'érotologie classique de Forberg, la moechialogie et les diaconales à l'usage des confesseurs, qu'il époussetait à de rares intervalles, sa bibliothèque latine s'arrêtait au commencement du Xe siècle.

Et, en effet, la curiosité, la naïveté compliquée du langage chrétien avaient, elles aussi, sombré. Le fatras des philosophes et des scoliastes, la logomachie du moyen âge allaient régner en maîtres. L'amas de suie des chroniques et des livres d'histoire, les saumons de plomb des cartulaires allaient s'entasser, et la grâce balbutiante, la maladresse parfois exquise des moines mettant en un pieux ragoût les restes poétiques de l'antiquité, étaient mortes; les fabriques de verbes aux sucs épurés, de substantifs sentant l'encens, d'adjectifs bizarres, taillés grossièrement dans l'or; avec le goût barbare et charmant des bijoux goths, étaient détruites. Les vieilles editions, choyees par des Esseintes, cessaient; et, en un saut formidable de siecles, les livres s'etageaient maintenant sur les rayons, supprimant la transition des ages, arrivant directement a la langue fran<;;:aise du present siecle.

Chapitre 4

Une voiture s'arrêta, vers une fin d'après-midi, devant la maison de Fontenay. Comme des Esseintes ne recevait aucune visite, comme le facteur ne se hasardait même pas dans ces parages inhabités, puisqu'il n'avait à lui remettre aucun journal, aucune revue, aucune lettre, les domestiques hésitèrent, se demandant s'il fallait ouvrir; puis, au carillon de la sonnette, lancée à toute volée contre le mur, ils se hasardèrent à tirer le judas incisé dans la porte et ils aperçurent un monsieur dont toute la poitrine était couverte, du col au ventre, par un immense bouclier d'or.

Ils avertirent leur maître qui déjeunait.

- Parfaitement, introduisez, fit-il; car il se souvenait d'avoir autrefois donné, pour la livraison d'une commande, son adresse à un lapidaire.

Le monsieur salua, déposa, dans la salle à manger, sur le parquet de pitch-pin son bouclier qui oscilla, se soulevant un peu, allongeant une tête serpentine de tortue qui, soudain effarée, rentra sous sa carapace.

Cette tortue était une fantaisie venue à des Esseintes quelque temps avant son départ de Paris. Regardant, un jour, un tapis d'Orient, à reflets, et, suivant les lueurs argentées qui couraient sur la trame de la laine, jaune aladin et violet prune, il s'était dit: il serait bon de placer sur ce tapis quelque chose qui remuât et dont le ton foncé aiguisât la vivacité de ces teintes.

Possédé par cette idée il avait vagué, au hasard des rues, était arrivé au Palais-Royal, et devant la vitrine de Chevet s'était frappé le front: une énorme tortue était là, dans un bassin. Il l'avait achetée: puis, une fois abandonnée sur le tapis, il s'était assis devant elle et il l'avait longuement contemplée, en clignant de l'oeil.

Décidément la couleur tête-de-nègre, le ton de Sienne crue de cette carapace salissait les reflets du tapis sans les activer; les lueurs dominantes de l'argent étincelaient maintenant à peine, rampant avec les tons froids du zinc écorché, sur les bords de ce test dur et terne.

Il se rongea les ongles, cherchant les moyens de concilier ces mésalliances, d'empêcher le divorce résolu de ces tons, il découvrit enfin que sa première idée, consistant à vouloir attiser les feux de l'étoffe par le balancement d'un objet sombre mis dessus était fausse en somme, ce tapis était encore trop voyant, trop pétulant, trop neuf. Les couleurs ne s'étaient pas suffisamment émoussées et amoindries; il s'agissait de renverser la proposition, d'amortir les tons, de les éteindre par le contraste d'un objet éclatant, écrasant tout autour de lui, jetant de la lumière d'or sur de l'argent pâle. Ainsi posée, la question devenait plus facile à résoudre. Il se détermina, en conséquence, à faire glacer d'or la cuirasse de sa tortue.

Une fois rapportée de chez le praticien qui la prit en pension, la bête fulgura comme un soleil, rayonna sur le tapis dont les teintes repoussées fléchirent, avec des irradiations de pavois wisigoth aux squames imbriquées par un artiste d'un goût barbare.

Des Esseintes fut tout d'abord enchanté de cet effet; puis il pensa que ce gigantesque bijou n'était qu'ébauché, qu'il ne serait vraiment complet qu'après qu'il aurait été incrusté de pierres rares.

Il choisit dans une collection japonaise un dessin représentant un essaim de fleurs partant en fusées d'une mince tige, l'emporta chez un joaillier, esquissa une bordure qui enfermait ce bouquet dans un cadre ovale, et il fit savoir, au lapidaire stupéfié que les feuilles, que les pétales de chacune de ces fleurs, seraient exécutés en pierreries et montés dans l'écaille même de la bête.

Le choix des pierres l'arrêta; le diamant est devenu singulièrement commun depuis que tous les commerçants en portent au petit doigt; les émeraudes et les rubis de l'Orient sont moins avilis, lancent de rutilantes flammes, mais ils rappellent par trop ces yeux verts et rouges de certains omnibus qui arborent des fanaux de ces deux couleurs, le long des tempes; quant aux topazes brûlées ou crues, ce sont des pierres à bon marché, chères à la petite bourgeoisie qui veut serrer des écrins dans une armoire à glace; d'un autre côté, bien que l'église ait conservé à l'améthyste un caractère sacerdotal, tout à la fois onctueux et grave, cette pierre s'est, elle aussi, galvaudée aux oreilles sanguines et aux mains tubuleuses des bouchères qui veulent, pour un prix modique, se parer de vrais et pesants bijoux; seul, parmi ces pierres, le saphir a gardé des feux inviolés par la sottise industrielle et pécuniaire. Ses étincelles grésillant sur une eau limpide et froide, ont, en quelque sorte, garanti de toute souillure sa noblesse discrète et hautaine. Malheureusement, aux lumières, ses flammes fraîches ne crépitent plus; l'eau bleue rentre en elle-même, semble s'endormir pour ne se réveiller, en pétillant, qu'au point du jour.

Décidément aucune de ces pierreries ne contentait des Esseintes; elles étaient d'ailleurs trop civilisées et trop connues. Il fit ruisseler entre ses doigts des minéraux plus surprenants et plus bizarres, finit par trier une série de pierres réelles et factices dont le mélange devait produire une harmonie fascinatrice et déconcertante.

Il composa ainsi le bouquet de ses fleurs: les feuilles furent serties de pierreries d'un vert accentué et précis: de chrysobéryls vert asperge; de péridots vert poireau; d'olivines vert olive et elles se détachèrent de branches en almadine et en ouwarovite d'un rouge violacé, jetant des paillettes d'un éclat sec de même que ces micas de tartre qui luisent dans l'intérieur des futailles.

Pour les fleurs, isolées de la tige, éloignées du pied de la gerbe, il usa de la cendre bleue; mais il repoussa formellement cette turquoise orientale qui se met en broches et en bagues et qui fait, avec la banale perle et l'odieux corail, les délices du menu peuple; il choisit exclusivement des turquoises de l'Occident, des pierres qui ne sont, à proprement parler, qu'un ivoire fossile imprégné de substances cuivreuses et dont le bleu céladon est engorgé, opaque, sulfureux, comme jauni de bile.

Cela fait, il pouvait maintenant enchâsser les pétales de ses fleurs épanouies au milieu du bouquet, de ses fleurs les plus voisines, les plus rapprochées du tronc, avec des minéraux transparents, aux lueurs vitreuses et morbides, aux jets fiévreux et aigres.

Il les composa uniquement d'yeux de chat de Ceylan, de cymophanes et de saphirines.

Ces trois pierres dardaient en effet, des scintillements mystérieux et pervers, douloureusement arrachés du fond glacé de leur eau trouble.

L'oeil de chat d'un gris verdâtre, strié de veines concentriques qui paraissent remuer, se déplacer à tout moment, selon les dispositions de la lumière.

La cymophane avec des moires azurées courant sur la teinte laiteuse qui flotte à l'intérieur.

La saphirine qui allume des feux bleuâtres de phosphore sur un fond de chocolat, brun sourd.

Le lapidaire prenait note à mesure des endroits où devaient être incrustées les pierres. Et la bordure de la carapace, dit-il à des Esseintes?

Celui-ci avait d'abord songé à quelques opales et à quelques hydrophanes; mais ces pierres intéressantes par l'hésitation de leurs couleurs, par le doute de leurs flammes, sont par trop insoumises et infidèles; l'opale a une sensibilité toute rhumatismale; le jeu de ses rayons s'altère suivant l'humidité, la chaleur ou le froid; quant à l'hydrophane elle ne brûle que dans l'eau et ne consent à allumer sa braise grise qu'alors qu'on la mouille.

Il se décida enfin pour des minéraux dont les reflets devaient s'alterner: pour l'hyacinthe de Compostelle, rouge acajou; l'aigue marine, vert glauque; le rubis-balais, rose vinaigre; le rubis de Sudermanie, ardoise pâle. Leurs faibles chatoiements suffisaient à éclairer les ténèbres de l'écaille et laissaient sa valeur à la floraison des pierreries qu'ils entouraient d'une mince guirlande de feux vagues.

Des Esseintes regardait maintenant, blottie en un coin de sa salle à manger, la tortue qui rutilait dans la pénombre.

Il se sentit parfaitement heureux; ses yeux se grisaient à ces resplendissements de corolles en flammes sur un fond d'or; puis, contrairement à son habitude, il avait appétit et il trempait ses rôties enduites d'un extraordinaire beurre dans une tasse de thé, un impeccable mélange de Si-a-Fayoune, de Moyou-tann, et de Khansky, des thés jaunes, venus de Chine en Russie par d'exceptionnelles caravanes.

Il buvait ce parfum liquide dans ces porcelaines de la Chine, dites coquilles d'oeufs, tant elles sont diaphanes et légères et, de même qu'il n'admettait que ces adorables tasses, il ne se servait également, en fait de couverts, que d'authentique vermeil, un peu dédoré, alors que l'argent apparaît un tantinet, sous la couche fatiguée de l'or et lui donne ainsi une teinte d'une douceur ancienne, toute épuisée, toute moribonde.

Après qu'il eut bu sa dernière gorgée, il rentra dans son cabinet et fit apporter par le domestique la tortue qui s'obstinait à ne pas bouger.

La neige tombait. Aux lumières des lampes, des herbes de glace poussaient derrière les vitres bleuâtres et le givre, pareil à du sucre fondu, scintillait dans les culs de bouteille des carreaux étiquetés d'or.

Un silence profond enveloppait la maisonnette engourdie dans les ténèbres.

Des Esseintes rêvassait; le brasier chargé de bûches emplissait d'effluves brûlants la pièce; il entrouvrit la fenêtre.

Ainsi qu'une haute tenture de contre-hermine, le ciel se levait devant lui, noir et moucheté de blanc.

Un vent glacial courut, accéléra le vol éperdu de la neige, intervertit l'ordre des couleurs.

La tenture héraldique du ciel se retourna, devint une véritable hermine blanche, mouchetée de noir, à son tour, par les points de nuit dispersés entre les flocons.

Il referma la croisée; ce brusque passage sans transition, de la chaleur torride, aux frimas du plein hiver l'avait saisi; il se recroquevilla près du feu et l'idée lui vint d'avaler un spiritueux qui le réchauffât.

Il s'en fut dans la salle à manger où, pratiquée dans l'une des cloisons, une armoire contenait une série de petites tonnes, rangées côte à côte, sur de minuscules chantiers de bois de santal, percées de robinets d'argent au bas du ventre.

Il appelait cette réunion de barils à liqueurs, son orgue à bouche.

Une tige pouvait rejoindre tous les robinets, les asservir à un mouvement unique, de sorte qu'une fois l'appareil en place, il suffisait de toucher un bouton dissimulé dans la boiserie, pour que toutes les cannelles, tournées en même temps, remplissent de liqueur les imperceptibles gobelets placés au-dessous d'elles.

L'orgue se trouvait alors ouvert. Les tiroirs étiquetés "flûte, cor, voix céleste" étaient tirés, prêts à la manoeuvre. Des Esseintes buvait une goutte, ici, là, se jouait des symphonies intérieures, arrivait à se procurer, dans le gosier, des sensations analogues à celles que la musique verse à l'oreille.

Du reste, chaque liqueur correspondait, selon lui, comme goût, au son d'un instrument. Le curaçao sec, par exemple, à la clarinette dont le chant est aigrelet et velouté; le kummel au hautbois dont le timbre sonore nasille; la menthe et l'anisette, à la flûte, tout à la fois sucrée et poivrée, piaulante et douce; tandis que, pour compléter l'orchestre, le kirsch sonne furieusement de la trompette; le gin et le whisky emportent le palais avec leurs stridents éclats de pistons et de trombones, l'eau-de-vie de marc fulmine avec les assourdissants vacarmes des tubas, pendant que roulent les coups de tonnerre de la cymbale et de la caisse frappés à tour de bras, dans la peau de la bouche, par les rakis de Chio et les mastics!

Il pensait aussi que l'assimilation pouvait s'étendre, que des quatuors d'instruments à cordes pouvaient fonctionner sous la voûte palatine, avec le violon représentant la vieille eau-de-vie, fumeuse et fine, aiguë et frêle; avec l'alto simulé par le rhum plus robuste, plus ronflant, plus sourd, avec le vespétro déchirant et prolongé, mélancolique et caressant comme un violoncelle; avec la contrebasse, corsée, solide et noire comme un pur et vieux bitter. On pouvait même, si l'on voulait former un quintette, adjoindre un cinquième instrument, la harpe, qu'imitait par une vraisemblable analogie, la saveur vibrante, la note argentine, détachée et grêle du cumin sec.

La similitude se prolongeait encore: des relations de tons existaient dans la musique des liqueurs; ainsi pour ne citer qu'une note, la bénédictine figure, pour ainsi dire, le ton mineur de ce ton majeur des alcools que les partitions commerciales désignent sous le signe de chartreuse verte.

Ces principes une fois admis, il était parvenu, grâce à d'érudites expériences, à se jouer sur la langue de silencieuses mélodies, de muettes marches funèbres à grand spectacle, à entendre, dans sa bouche, des solis de menthe, des duos de vespétro et de rhum.

Il arrivait même à transférer dans sa mâchoire de véritables morceaux de musique, suivant le compositeur, pas à pas, rendant sa pensée, ses effets, ses nuances, par des unions ou des contrastes voisins de liqueurs, par d'approximatifs et savants mélanges.

D'autres fois, il composait lui-même des mélodies, exécutait des pastorales avec le bénin cassis qui lui faisait roulader, dans la gorge, des chants emperlés de rossignol, avec le tendre cacao-chouva qui fredonnait de sirupeuses bergerades, telles que "les romances d'Estelle" et les "Ah! vous dirai-je, maman" du temps jadis.

Mais, ce soir-là, des Esseintes n'avait nulle envie d'écouter le goût de la musique; il se borna à enlever une note au clavier de son orgue, en emportant un petit gobelet qu'il avait préalablement rempli d'un véridique whisky d'Irlande.

Il se renfonça dans son fauteuil et huma lentement ce suc fermenté d'avoine et d'orge; un fumet prononcé de créosote lui empuantit la bouche.

Peu à peu, en buvant, sa pensée suivit l'impression maintenant ravivée de son palais, emboîta le pas à la saveur du whisky, réveilla, par une fatale exactitude d'odeurs, des souvenirs effacés depuis des ans.

Ce fleur phéniqué, âcre, lui remémorait forcément l'identique senteur dont il avait eu la langue pleine au temps où les dentistes travaillaient dans sa gencive.

Une fois lancé sur cette piste, sa rêverie, d'abord éparse sur tous les praticiens qu'il avait connus, se rassembla et convergea sur l'un d'entre eux dont l'excentrique rappel s'était plus particulièrement gravé dans sa mémoire.

Il y avait de cela, trois années; pris, au milieu d'une nuit, d'une abominable rage de dents, il se tamponnait la joue, butait contre les meubles, arpentait, semblable à un fou, sa chambre.

C'était une molaire déjà plombée; aucune guérison n'était possible; la clef seule des dentistes pouvait remédier au mal. Il attendait, tout enfièvré, le jour, résolu à supporter les plus atroces des opérations, pourvu qu'elles missent fin à ses souffrances.

Tout en se tenant la mâchoire, il se demandait comment faire. Les dentistes qui le soignaient étaient de riches négociants qu'on ne voyait point à sa guise; il fallait convenir avec eux de visites, d'heures de rendez-vous. C'est inacceptable, je ne puis différer plus longtemps, disait-il; il se décida à aller chez le premier venu, à courir chez un quenottier du peuple, un de ces gens à poigne de fer qui, s'ils ignorent l'art bien inutile d'ailleurs de panser les caries et d'obturer les trous, savent extirper, avec une rapidité sans pareille, les chicots les plus tenaces; chez ceux-là, c'est ouvert au petit jour et l'on n'attend pas. Sept heures sonnèrent enfin. Il se précipita hors de chez lui, et se rappelant le nom connu d'un mécanicien qui s'intitulait dentiste populaire et logeait au coin d'un quai, il s'élança dans les rues en mordant son mouchoir, en renfonçant ses larmes.

Arrivé devant la maison, reconnaissable à un immense écriteau de bois noir où le nom de "Gatonax" s'étalait en d'énormes lettres couleur de potiron, et en deux petites armoires vitrées où des dents de pâte étaient soigneusement alignées dans des gencives de cire rose, reliées entre elles par des ressorts mécaniques de laiton, il haleta, la sueur aux tempes; une transe horrible lui vint, un frisson lui glissa sur la peau, un apaisement eut lieu, la souffrance s'arrêta, la dent se tut.

Il restait, stupide, sur le trottoir; il s'était enfin roidi contre l'angoisse, avait escaladé un escalier obscur, grimpé quatre à quatre jusqu'au troisième étage. Là, il s'était trouvé devant une porte où une plaque d'émail répétait, inscrit avec des lettres d'un bleu céleste, le nom de l'enseigne. Il avait tiré la sonnette, puis, épouvanté par les larges crachats rouges qu'il apercevait collés sur les marches, il fit volte-face, résolu à souffrir des dents, toute sa vie, quand un cri déchirant perça les cloisons, emplit la cage de l'escalier, le cloua d'horreur, sur place, en même temps qu'une porte s'ouvrit et qu'une vieille femme le pria d'entrer.

La honte l'avait emporté sur la peur; il avait été introduit dans une salle à manger; une autre porte avait claqué, donnant passage à un terrible grenadier, vêtu d'une redingote et d'un pantalon noirs, en bois; des Esseintes le suivit dans une autre pièce.

Ses sensations devenaient, dès ce moment, confuses. Vaguement il se souvenait de s'être affaissé, en face d'une fenêtre, dans un fauteuil, d'avoir balbutié, en mettant un doigt sur sa dent: "elle a été déjà plombée; j'ai peur qu'il n'y ait rien à faire."

L'homme avait immédiatement supprimé ces explications, en lui enfonçant un index énorme dans la bouche; puis, tout en grommelant sous ses moustaches vernies, en crocs, il avait pris un instrument sur une table. Alors la grande scène avait commencé. Cramponné aux bras du fauteuil, des Esseintes avait senti, dans la joue, du froid, puis ses yeux avaient vu trente-six chandelles et il s'était mis, souffrant des douleurs inouïes, à battre des pieds et à bêler ainsi qu'une bête qu'on assassine. Un craquement s'était fait entendre, la molaire se cassait, en venant; il lui avait alors semblé qu'on lui arrachait la tête, qu'on lui fracassait le crâne; il avait perdu la raison, avait hurlé de toutes ses forces, s'était furieusement défendu contre l'homme qui se ruait de nouveau sur lui comme s'il voulait lui entrer son bras jusqu'au fond du ventre, s'était brusquement reculé d'un pas, et levant le corps attaché à la mâchoire, l'avait laissé brutalement retomber, sur le derrière, dans le fauteuil, tandis que, debout, emplissant la fenêtre, il soufflait, brandissant au bout de son davier, une dent bleue où pendait du rouge!

Anéanti, des Esseintes avait dégobillé du sang plein une cuvette, refusé, d'un geste, à la vieille femme qui rentrait, l'offrande de son chicot qu'elle s'apprêtait à envelopper dans un journal et il avait fui, payant deux francs, lançant, à son tour, des crachats sanglants sur les marches, et il s'était retrouvé, dans la rue, joyeux, rajeuni de dix ans, s'intéressant aux moindres choses.

- Brou! fit-il, attristé par l'assaut de ces souvenirs. Il se leva pour rompre l'horrible charme de cette vision et, revenu dans la vie présente, il s'inquiéta de la tortue.

Elle ne bougeait toujours point, il la palpa - elle était morte. Sans doute habituée à une existence sédentaire, à une humble vie passée sous sa pauvre carapace, elle n'avait pu supporter le luxe éblouissant qu'on lui imposait, la rutilante chape dont on l'avait vêtue, les pierreries dont on lui avait pavé le dos, comme un ciboire.

Chapitre 5

En même temps que s'appointait son désir de se soustraire à une haïssable époque d'indignes muflements, le besoin de ne plus voir de tableaux représentant l'effigie humaine tâchant à Paris entre quatre murs, ou errant en quête d'argent par les rues, était devenu pour lui plus despotique.

Après s'être désintéressé de l'existence contemporaine, il avait résolu de ne pas introduire dans sa cellule des larves de répugnances ou de regrets, aussi, avait-il voulu une peinture subtile, exquise, baignant dans un rêve ancien, dans une corruption antique, loin de nos moeurs, loin de nos jours.

Il avait voulu, pour la délectation de son esprit et la joie de ses yeux, quelques oeuvres suggestives le jetant dans un monde inconnu, lui dévoilant les traces de nouvelles conjectures, lui ébranlant le système nerveux par d'érudites hystéries, par des cauchemars compliqués, par des visions nonchalantes et atroces.

Entre tous, un artiste existait dont le talent le ravissait en de longs transports, Gustave Moreau.

Il avait acquis ses deux chefs-d'oeuvre et, pendant des nuits, il rêvait devant l'un deux, le tableau de la Salomé ainsi conçu:

Un trône se dressait, pareil au maître-autel d'une cathédrale, sous d'innombrables voûtes jaillissant de colonnes trapues ainsi que des piliers romans, émaillées de briques polychromes, serties de mosaïques, incrustées de lapis et de sardoines, dans un palais semblable à une basilique d'une architecture tout à la fois musulmane et byzantine.

Au centre du tabernacle surmontant l'autel précédé de marches en forme de demi-vasques, le Tétrarque Hérode était assis, coiffé d'une tiare, les jambes rapprochées, les mains sur les genoux.

La figure était jaune, parcheminée, annelée de rides, décimée par l'âge; sa longue barbe flottait comme un nuage blanc sur les étoiles en pierreries qui constellaient la robe d'orfroi plaquée sur sa poitrine.

Autour de cette statue, immobile, figée dans une pose hiératique de dieu hindou, des parfums brûlaient, dégorgeant des nuées de vapeurs que trouaient, de même que des yeux phosphorés de bêtes, les feux des pierres enchâssées dans les parois du trône; puis la vapeur montait, se déroulait sous les arcades où la fumée bleue se mêlait à la poudre d'or des grands rayons de jour, tombés des dômes.

Dans l'odeur perverse des parfums, dans l'atmosphère surchauffée de cette église, Salomé, le bras gauche étendu, en un geste de commandement, le bras droit replié, tenant à la hauteur du visage un grand lotus, s'avance lentement sur les pointes, aux accords d'une guitare dont une femme accroupie pince les cordes.

La face recueillie, solennelle, presque auguste, elle commence la lubrique danse qui doit réveiller les sens assoupis du vieil Hérode; ses seins ondulent et, au frottement de ses colliers qui tourbillonnent, leurs bouts se dressent; sur la moiteur de sa peau les diamants, attachés, scintillent; ses bracelets, ses ceintures, ses bagues, crachent des étincelles; sur sa robe triomphale, couturée de perles, ramagée d'argent, lamée d'or, la cuirasse des orfèvreries dont chaque maille est une pierre, entre en combustion, croise des serpenteaux de feu, grouille sur la chair mate, sur la peau rose thé, ainsi que des insectes splendides aux élytres éblouissants, marbrés de carmin, ponctués de jaune aurore, diaprés de bleu d'acier, tigrés de vert paon.

Concentrée, les yeux fixes, semblable à une somnambule, elle ne voit ni le Tétrarque qui frémit, ni sa mère, la féroce Hérodias, qui la surveille, ni l'hermaphrodite ou l'eunuque qui se tient, le sabre au poing, en bas du trône, une terrible figure, voilée jusqu'aux joues, et dont la mamelle de châtré pend, de même qu'une gourde, sous sa tunique bariolée d'orange.

Ce type de la Salomé si hantant pour les artistes et pour les poètes, obsédait, depuis des années, des Esseintes. Combien de fois avait-il lu dans la vieille bible de Pierre Variquet, traduite par les docteurs en théologie de l'Université de Louvain, l'évangile de saint Mathieu qui raconte en de naïves et brèves phrases, la décollation du Précurseur; combien de fois avait-il rêvé, entre ces lignes:

"Au jour du festin de la Nativité d'Hérode, la fille d'Hérodias dansa au milieu et plut à Hérode.

"Dont lui promit, avec serment, de lui donner tout ce qu'elle lui demanderait.

"Elle donc, induite par sa mère, dit: Donne-moi, en un plat, la tête de Jean-Baptiste.

"Et le roi fut marri, mais à cause du serment et de ceux qui étaient assis à table avec lui, il commanda qu'elle lui fût baillée.

"Et envoya décapiter Jean, en la prison.

"Et fut la tête d'icelui apportée dans un plat et donnée à la fille et elle la présenta à sa mère."

Mais ni saint Mathieu, ni saint Marc, ni saint Luc, ni les autres évangélistes ne s'étendaient sur les charmes délirants, sur les actives dépravations de la danseuse. Elle demeurait effacée, se perdait, mystérieuse et pâmée, dans le brouillard lointain des siècles, insaisissable pour les esprits précis et terre à terre, accessible seulement aux cervelles ébranlées, aiguisées, comme rendues visionnaires par la névrose; rebelle aux peintres de la chair, à Rubens qui la déguisa en une bouchère des Flandres, incompréhensible pour tous les écrivains qui n'ont jamais pu rendre l'inquiétante exaltation de la danseuse, la grandeur raffinée de l'assassine.

Dans l'oeuvre de Gustave Moreau, conçue en dehors de toutes les données du Testament, des Esseintes voyait enfin réalisée cette Salomé, surhumaine et étrange qu'il avait rêvée. Elle n'était plus seulement la baladine qui arrache à un vieillard, par une torsion corrompue de ses reins, un cri de désir et de rut; qui rompt l'énergie, fond la volonté d'un roi, par des remous de seins, des secousses de ventre, des frissons de cuisse; elle devenait, en quelque sorte, la déité symbolique de l'indestructible Luxure, la déesse de l'immortelle Hystérie, la Beauté maudite, élue entre toutes par la catalepsie qui lui raidit les chairs et lui durcit les muscles la Bête monstrueuse, indifférente, irresponsable, insensible, empoisonnant, de même que l'Hélène antique, tout ce qui l'approche, tout ce qui la voit, tout ce qu'elle touche.

Ainsi comprise, elle appartenait aux théogonies de l'extrême Orient; elle ne relevait plus des traditions bibliques, ne pouvait même plus être assimilée à la vivante image de Babylone, à la royale Prostituée de l'Apocalypse, accoutrée, comme elle, de joyaux et de pourpre, fardée comme elle; car celle-là n'était pas jetée par une puissance fatidique, par une force suprême, dans les attirantes abjections de la débauche.

Le peintre semblait d'ailleurs avoir voulu affirmer sa volonté de rester hors des siècles, de ne point préciser d'origine, de pays, d'époque, en mettant sa Salomé au milieu de cet extraordinaire palais, d'un style confus et grandiose, en la vêtant de somptueuses et chimériques robes, en la mitrant d'un incertain diadème en forme de tour phénicienne tel qu'en porte la Salammbô, en lui plaçant enfin dans la main le sceptre d'Isis, la fleur sacrée de l'égypte et de l'Inde, le grand lotus.

Des Esseintes cherchait le sens de cet emblème. Avait-il cette signification phallique que lui prêtent les cultes primordiaux de l'Inde; annonçait-il au vieil Hérode, une oblation de virginité, un échange de sang, une plaie impure sollicitée, offerte sous la condition expresse d'un meurtre; ou représentait-il l'allégorie de la fécondité, le mythe hindou de la vie, une existence tenue entre des doigts de femme, arrachée, foulée par des mains palpitantes d'homme qu'une démence envahit, qu'une crise de la chair égare?

Peut-être aussi qu'en armant son énigmatique déesse du lotus vénéré, le peintre avait songé à la danseuse, à la femme mortelle, au Vase souillé, cause de tous les péchés et de tous les crimes; peut-être s'était-il souvenu des rites de la vieille égypte, des cérémonies sépulcrales de l'embaumement, alors que les chimistes et les prêtres étendent le cadavre de la morte sur un banc de jaspe, lui tirent avec des aiguilles courbes la cervelle par les fosses du nez, les entrailles par l'incision pratiquée dans son flanc gauche, puis avant de lui dorer les ongles et les dents, avant de l'enduire de bitumes et d'essences, lui insèrent, dans les parties sexuelles, pour les purifier, les chastes pétales de la divine fleur.

Quoi qu'il en fût, une irrésistible fascination se dégageait de cette toile, mais l'aquarelle intitulée L'Apparition était peut-être plus inquiétante encore.

Là, le palais d'Hérode s'élançait, ainsi qu'un Alhambra, sur de légères colonnes irisées de carreaux moresques, scellés comme par un béton d'argent, comme par un ciment d'or; des arabesques partaient de losanges en lazuli, filaient tout le long des coupoles où, sur des marqueteries de nacre, rampaient des lueurs d'arc-en-ciel, des feux de prisme.

Le meurtre était accompli; maintenant le bourreau se tenait impassible, les mains sur le pommeau de sa longue épée, tachée de sang.

Le chef décapité du saint s'était élevé du plat posé sur les dalles et il regardait, livide, la bouche décolorée, ouverte, le cou cramoisi, dégouttant de larmes. Une mosaïque cernait la figure d'où s'échappait une auréole s'irradiant en traits de lumière sous les portiques, éclairant l'affreuse ascension de la tête, allumant le globe vitreux des prunelles, attachées, en quelque sorte crispées sur la danseuse.

D'un geste d'épouvante, Salomé repousse la terrifiante vision qui la cloue, immobile, sur les pointes; ses yeux se dilatent, sa main étreint convulsivement sa gorge.

Elle est presque nue; dans l'ardeur de la danse, les voiles se sont défaits, les brocarts ont croulé; elle n'est plus vêtue que de matières orfévries et de minéraux lucides; un gorgerin lui serre de même qu'un corselet la taille, et, ainsi qu'une agrafe superbe, un merveilleux joyau darde des éclairs dans la rainure de ses deux seins; plus bas, aux hanches, une ceinture l'entoure, cache le haut de ses cuisses que bat une gigantesque pendeloque où coule une rivière d'escarboucles et d'émeraudes; enfin, sur le corps resté nu, entre le gorgerin et la ceinture, le ventre bombe, creusé d'un nombril dont le trou semble un cachet gravé d'onyx, aux tons laiteux, aux teintes de rose d'ongle.

Sous les traits ardents échappés de la tête du Précurseur, toutes les facettes des joailleries s'embrasent; les pierres s'animent, dessinent le corps de la femme en traits incandescents; la piquent au cou, aux jambes, aux bras, de points de feu, vermeils comme des charbons, violets comme des jets de gaz, bleus comme des flammes d'alcool, blancs comme des rayons d'astre.

L'horrible tête flamboie, saignant toujours, mettant des caillots de pourpre sombre, aux pointes de la barbe et des cheveux. Visible pour la Salomé seule, elle n'étreint pas de son morne regard, l'Hérodias qui rêve à ses haines enfin abouties, le Tétrarque, qui, penché un peu en avant, les mains sur les genoux, halète encore, affolé par cette nudité de femme imprégnée de senteurs fauves, roulée dans les baumes, fumée dans les encens et dans les myrrhes.

Tel que le vieux roi, des Esseintes demeurait écrasé, anéanti, pris de vertige, devant cette danseuse, moins majestueuse, moins hautaine, mais plus troublante que la Salomé du tableau à l'huile.

Dans l'insensible et impitoyable statue, dans l'innocente et dangereuse idole, l'érotisme, la terreur de l'être humain s'étaient fait jour; le grand lotus avait disparu, la déesse s'était évanouie; un effroyable cauchemar étranglait maintenant l'histrionne, extasiée par le tournoiement de la danse, la courtisane, pétrifiée, hypnotisée par l'épouvante.

Ici, elle était vraiment fille; elle obéissait à son tempérament de femme ardente et cruelle; elle vivait, plus raffinée et plus sauvage, plus exécrable et plus exquise; elle réveillait plus énergiquement les sens en léthargie de l'homme, ensorcelait, domptait plus sûrement ses volontés, avec son charme de grande fleur vénérienne, poussée dans des couches sacrilèges, élevée dans des serres impies.

Comme le disait des Esseintes, jamais, à aucune époque, l'aquarelle n'avait pu atteindre cet éclat de coloris; jamais la pauvreté des couleurs chimiques n'avait ainsi fait jaillir sur le papier des coruscations semblables de pierres, des lueurs pareilles de vitraux frappés de rais de soleil, des fastes aussi fabuleux, aussi aveuglants de tissus et de chairs.

Et, perdu dans sa contemplation, il scrutait les origines de ce grand artiste, de ce païen mystique, de cet illuminé qui pouvait s'abstraire assez du monde pour voir, en plein Paris, resplendir les cruelles visions, les féeriques apothéoses des autres âges.

Sa filiation, des Esseintes la suivait à peine; çà et là, de vagues souvenirs de Mantegna et de Jacopo de Barbarj; çà et là, de confuses hantises du Vinci et des fièvres de couleurs à la Delacroix; mais l'influence de ces maîtres restait, en somme, imperceptible: la vérité était que Gustave Moreau ne dérivait de personne. Sans ascendant véritable, sans descendants possibles, il demeurait, dans l'art contemporain, unique.

Remontant aux sources ethnographiques, aux origines des mythologies dont il comparait et démêlait les sanglantes énigmes; réunissant, fondant en une seule les légendes issues de l'Extrême Orient et métamorphosées par les croyances des autres peuples, il justifiait ainsi ses fusions architectoniques, ses amalgames luxueux et inattendus d'étoffes, ses hiératiques et sinistres allégories aiguisées par les inquiètes perspicuités d'un nervosisme tout moderne; et il restait à jamais douloureux, hanté par les symboles des perversités et des amours surhumaines, des stupres divins consommés sans abandons et sans espoirs.

Il y avait dans ses oeuvres désespérées et érudites un enchantement singulier, une incantation vous remuant jusqu'au fond des entrailles, comme celle de certains poèmes de Baudelaire, et l'on demeurait ébahi, songeur, déconcerté, par cet art qui franchissait les limites de la peinture, empruntait à l'art d'écrire ses plus subtiles évocations, à l'art du Limosin ses plus merveilleux éclats, à l'art du lapidaire et du graveur ses finesses les plus exquises. Ces deux images de la Salomé, pour lesquelles l'admiration de des Esseintes était sans borne, vivaient, sous ses yeux, pendues aux murailles de son cabinet de travail, sur des panneaux réservés entre les rayons des livres.

Mais là ne se bornaient point les achats de tableaux qu'il avait effectués dans le but de parer sa solitude.

Bien qu'il eût sacrifié tout le premier et unique étage de sa maison qu'il n'habitait personnellement pas, le rez-de-chaussée avait à lui seul nécessité des séries nombreuses de cadres pour habiller les murs.

Ce rez-de-chaussée était ainsi distribué:

Un cabinet de toilette, communiquant avec la chambre à coucher, occupait l'une des encoignures de la bâtisse; de la chambre à coucher l'on passait dans la bibliothèque, de la bibliothèque dans la salle à manger, qui formait l'autre encoignure.

Ces pièces composant l'une des faces du logement, s'étendaient, en ligne droite, percées de fenêtres ouvertes sur la vallée d'Aunay.

L'autre face de l'habitation était constituée par quatre pièces exactement semblables, en tant que disposition, aux premières. Ainsi la cuisine faisait coude, correspondait à la salle à manger; un grand vestibule, servant d'entrée au logis, à la bibliothèque; une sorte de boudoir, à la chambre à coucher; les privés dessinant un angle, au cabinet de toilette.

Toutes ces pièces prenaient jour du côté opposé à la vallée d'Aunay et regardaient la tour du Croy et Châtillon.

Quant à l'escalier, il était collé sur l'un des flancs de la maison, au-dehors; les pas des domestiques ébranlant les marches arrivaient ainsi moins distincts, plus sourds, à des Esseintes.

Il avait fait tapisser de rouge vif le boudoir, et sur toutes les cloisons de la pièce, accrocher dans des bordures d'ébène des estampes de Jan Luyken, un vieux graveur de Hollande, presque inconnu en France.

Il possédait de cet artiste fantasque et lugubre, véhément et farouche, la série de ses Persécutions religieuses, d'épouvantables planches contenant tous les supplices que la folie des religions a inventés, des planches où hurlait le spectacle des souffrances humaines, des corps rissolés sur des brasiers, des crânes décalottés avec des sabres, trépanés avec des clous, entaillés avec des scies, des intestins dévidés du ventre et enroulés sur des bobines, des ongles lentement arrachés avec des tenailles, des prunelles crevées, des paupières retournées avec des pointes, des membres disloqués, cassés avec soin, des os mis à nu, longuement râclés avec des lames.

Ces oeuvres pleines d'abominables imaginations, puant le brûlé, suant le sang, remplies de cris d'horreur et d'anathèmes, donnaient la chair de poule à des Esseintes qu'elles retenaient suffoqué dans ce cabinet rouge.

Mais, en sus des frissons qu'elles apportaient, en sus aussi du terrible talent de cet homme, de l'extraordinaire vie qui animait ses personnages, l'on découvrait chez ses étonnants pullulements de foule, chez ses flots de peuple enlevés avec une dextérité de pointe rappelant celle de Callot, mais avec une puissance que n'eut jamais cet amusant gribouilleur, des reconstitutions curieuses de milieux et d'époques; l'architecture, les costumes, les moeurs au temps des Macchabées, à Rome, sous les persécutions des chrétiens, en Espagne, sous le règne de l'inquisition, en France, au moyen âge et à l'époque des Saint-Barthélemy et des Dragonnades, étaient observés avec un soin méticuleux, notés avec une science extrême.

Ces estampes étaient des mines à renseignements: on pouvait les contempler sans se lasser, pendant des heures; profondément suggestives en réflexions, elles aidaient souvent des Esseintes à tuer les journées rebelles aux livres.

La vie de Luyken était pour lui un attrait de plus; elle expliquait d'ailleurs l'hallucination de son oeuvre. Calviniste fervent, sectaire endurci, affolé de cantiques et de prières, il composait des poésies religieuses qu'il illustrait, paraphrasait en vers les psaumes, s'abîmait dans la lecture de la Bible d'où il sortait, extasié, hagard, le cerveau hanté par des sujets sanglants, la bouche tordue par les malédictions de la Réforme, par ses chants de terreur et de colère.

Avec cela, il méprisait le monde, abandonnait ses biens aux pauvres, vivait d'un morceau de pain; il avait fini par s'embarquer, avec une vieille servante, fanatisée par lui, et il allait au hasard, où abordait son bateau, prêchant partout l'évangile, s'essayant à ne plus manger, devenu à peu près fou, presque sauvage.

Dans la pièce voisine, plus grande, dans le vestibule vêtu de boiseries de cèdre, couleur de boîte à cigare, s'étageaient d'autres gravures, d'autres dessins bizarres.

La Comédie de la Mort, de Bresdin, où dans un invraisemblable paysage, hérissé d'arbres, de taillis, de touffes, affectant des formes de démons et de fantômes, couvert d'oiseaux à têtes de rats, à queues de légumes, sur un terrain semé de vertèbres, de côtes, de crânes, des saules se dressent, noueux et crevassés, surmontés de squelettes agitant, les bras en l'air, un bouquet, entonnant un chant de victoire, tandis qu'un Christ s'enfuit dans un ciel pommelé, qu'un ermite réfléchit, la tête dans ses deux mains, au fond d'une grotte, qu'un misérable meurt épuisé de privations, exténué de faim, étendu sur le dos, les pieds devant une mare.

Le Bon Samaritain, du même artiste, un immense dessin à la plume, tiré sur pierre: un extravagant fouillis de palmiers, de sorbiers, de chênes, poussés, tous ensemble, au mépris des saisons et des climats, une élancée de forêt vierge, criblée de singes, de hiboux, de chouettes, bossuée de vieilles souches aussi difformes que des racines de mandragore, une futaie magique, trouée, au milieu, par une éclaircie laissant entrevoir, au loin, derrière un chameau et le groupe du Samaritain et du blessé, un fleuve, puis une ville féerique escaladant l'horizon, montant dans un ciel étrange, pointillé d'oiseaux, moutonné de lames, comme gonflé de ballots de nuages.

On eût dit d'un dessin de primitif, d'un vague Albert Dürer, composé par un cerveau enfumé d'opium; mais, bien qu'il aimât la finesse des détails et l'imposante allure de cette planche, des Esseintes s'arrêtait plus particulièrement devant les autres cadres qui ornaient la pièce.

Ceux-là étaient signés: Odilon Redon.

Ils renfermaient dans leurs baguettes de poirier brut, liséré d'or, des apparitions inconcevables: une tête d'un style mérovingien, posée sur une coupe; un homme barbu, tenant tout à la fois, du bonze et de l'orateur de réunion publique, touchant du doigt un boulet de canon colossal; une épouvantable araignée logeant au milieu de son corps une face humaine; puis des fusains partaient plus loin encore dans l'effroi du rêve tourmenté par la congestion. Ici c'était un énorme dé à jouer où clignait une paupière triste; là des paysages, secs, arides, des plaines calcinées, des mouvements de sol, des soulèvements volcaniques accrochant des nuées en révolte, des ciels stagnants et livides; parfois même les sujets semblaient empruntés au cauchemar de la science, remonter aux temps préhistoriques; une flore monstrueuse s'épanouissait sur les roches; partout des blocs erratiques, des boues glaciaires, des personnages dont le type simien, les épais maxillaires, les arcades des sourcils en avant, le front fuyant, le sommet aplati du crâne, rappelaient la tête ancestrale, la tête de la première période quaternaire, de l'homme encore frugivore et dénué de parole, contemporain du mammouth, du rhinocéros aux narines cloisonnées et du grand ours. Ces dessins étaient en dehors de tout; ils sautaient, pour la plupart, par-dessus les bornes de la peinture, innovaient un fantastique très spécial, un fantastique de maladie et de délire.

Et, en effet, tels de ces visages, mangés par des yeux immenses, par des yeux fous; tels de ces corps grandis outre mesure ou déformés comme au travers d'une carafe, évoquaient dans la mémoire de des Esseintes des souvenirs de fièvre typhoïde, des souvenirs restés quand même des nuits brûlantes, des affreuses visions de son enfance.

Pris d'un indéfinissable malaise, devant ces dessins, comme devant certains Proverbes de Goya qu'ils rappelaient; comme au sortir aussi d'une lecture d'Edgar Poe dont Odilon Redon semblait avoir transposé, dans un art différent, les mirages d'hallucination et les effets de peur, il se frottait les yeux et contemplait une rayonnante figure qui, du milieu de ces planches agitées, se levait sereine et calme, une figure de la Mélancolie, assise, devant le disque d'un soleil, sur des rochers, dans une pose accablée et morne.

Par enchantement, les ténèbres se dissipaient; une tristesse charmante, une désolation en quelque sorte alanguie, coulaient dans ses pensées, et il méditait longuement devant cette oeuvre qui mettait, avec ses points de gouache, semés dans le crayon gras, une clarté de vert d'eau et d'or pâle, parmi la noirceur ininterrompue de ces fusains et de ces estampes.

En outre de cette série des ouvrages de Redon, garnissant presque tous les panneaux du vestibule, il avait pendu dans sa chambre à coucher, une ébauche désordonnée de Théocopuli, un Christ aux teintes singulières, d'un dessin exagéré, d'une couleur féroce, d'une énergie détraquée, un tableau de la seconde manière de ce peintre, alors qu'il était harcelé par la préoccupation de ne plus ressembler au Titien.

Cette peinture sinistre, aux tons de cirage et de vert cadavre, répondait pour des Esseintes à un certain ordre d'idées sur l'ameublement.

Il n'y avait, selon lui, que deux manières d'organiser une chambre à coucher: ou bien en faire une excitante alcôve, un lieu de délectation nocturne; ou bien agencer un lieu de solitude et de repos, un retrait de pensées, une espèce d'oratoire.

Dans le premier cas, le style Louis XV s'imposait aux délicats, aux gens épuisés surtout par des éréthismes de cervelle; seul, en effet, le XVIIIe siècle a su envelopper la femme d'une atmosphère vicieuse, contournant les meubles selon la forme de ses charmes, imitant les contractions de ses plaisirs; les volutes de ses spasmes, avec les ondulations, les tortillements du bois et du cuivre, épiçant la langueur sucrée de la blonde, par son décor vif et clair, atténuant le goût salé de la brune, par des tapisseries aux tons douceâtres, aqueux, presque insapides.

Cette chambre, il l'avait jadis comprise dans son logement de Paris, avec le grand lit blanc laqué qui est un piment de plus, une dépravation de vieux passionné, hennissant devant la fausse chasteté, devant l'hypocrite pudeur des tendrons de Greuze, devant l'artificielle candeur d'un lit polisson, sentant l'enfant et la jeune fille.

Dans l'autre cas - et, maintenant qu'il voulait rompre avec les irritants souvenirs de sa vie passée, celui-là était seul possible - il fallait façonner une chambre en cellule monastique, mais alors les difficultés s'accumulaient, car il se refusait à accepter, pour sa part, l'austère laideur des asiles à pénitence et à prière.

À force de tourner et de retourner la question sur toutes ses faces, il conclut que le but à atteindre pouvait se résumer en celui-ci: arranger avec de joyeux objets une chose triste, ou plutôt, tout en lui conservant son caractère de laideur, imprimer à l'ensemble de la pièce, ainsi traitée, une sorte d'élégance et de distinction; renverser l'optique du théâtre dont les vils oripeaux jouent les tissus luxueux et chers; obtenir l'effet absolument opposé, en se servant d'étoffes magnifiques pour donner l'impression d'une guenille; disposer, en un mot, une loge de chartreux qui eût l'air d'être vraie et qui ne le fût, bien entendu, pas.

Il procéda de cette manière: pour imiter le badigeon de l'ocre, le jaune administratif et clérical, il fit tendre ses murs en soie safran; pour traduire le soubassement couleur chocolat, habituel à ce genre de pièces, il revêtit les parois de la cloison de lames en bois violet foncé d'amarante. L'effet était séduisant, et il pouvait rappeler, de loin pourtant, la déplaisante rigidité du modèle qu'il suivait en le transformant; le plafond fut, à son tour, tapissé de blanc écru, pouvant simuler le plâtre, sans en avoir cependant les éclats criards; quant au froid pavage de la cellule, il réussit assez bien à le copier, grâce à un tapis dont le dessin représentait des carreaux rouges, avec des places blanchâtres dans la laine, pour feindre l'usure des sandales et le frottement des bottes.

Il meubla cette pièce d'un petit lit de fer, un faux lit de cénobite, fabriqué avec d'anciennes ferronneries forgées et polies, rehaussées, au chevet et au pied, d'ornementations touffues, de tulipes épanouies enlacées à des pampres, empruntées à la rampe du superbe escalier d'un vieil hôtel.

En guise de table de nuit, il installa un antique prie-Dieu dont l'intérieur pouvait contenir un vase et dont l'extérieur supportait un eucologe; il apposa contre le mur, en face, un banc-d'oeuvre, surmonté d'un grand dais à jour garni de miséricordes sculptées en plein bois, et il pourvut ses flambeaux d'église de chandelles en vraie cire qu'il achetait dans une maison spéciale, réservée aux besoins du culte, car il professait un sincère éloignement pour les pétroles, pour les schistes, pour les gaz, pour les bougies en stéarine, pour tout l'éclairage moderne, si voyant et si brutal.

Dans son lit, le matin, la tête sur l'oreiller, avant de s'endormir, il regardait son Théocopuli dont l'atroce couleur rabrouait un peu le sourire de l'étoffe jaune et la rappelait à un ton plus grave, et il se figurait aisément alors qu'il vivait à cent lieues de Paris, loin du monde, dans le fin fond d'un cloître.

Et, somme toute, l'illusion était facile, puisqu'il menait une existence presque analogue à celle d'un religieux. Il avait ainsi les avantages de la claustration et il en évitait les inconvénients: la discipline soldatesque, le manque de soins, la crasse, la promiscuité, le désoeuvrement monotone. De même qu'il avait fait de sa cellule, une chambre confortable et tiède, de même il avait rendu sa vie normale, douce, entourée de bien-être, occupée et libre.

Tel qu'un ermite, il était mûr pour l'isolement, harassé de la vie, n'attendant plus rien d'elle; tel qu'un moine aussi, il était accablé d'une lassitude immense, d'un besoin de recueillement, d'un désir de ne plus avoir rien de commun avec les profanes qui étaient, pour lui, les utilitaires et les imbéciles.

En résumé, bien qu'il n'éprouvât aucune vocation pour l'état de grâce, il se sentait une réelle sympathie pour ces gens enfermés dans des monastères, persécutés par une haineuse société qui ne leur pardonne ni le juste mépris qu'ils ont pour elle ni la volonté qu'ils affirment de racheter, d'expier, par un long silence, le dévergondage toujours croissant de ses conversations saugrenues ou niaises.

Chapitre 6

Enfoncé dans un vaste fauteuil à oreillettes, les pieds sur les poires en vermeil des chenets, les pantoufles rôties par les bûches qui dardaient, en crépitant, comme cinglées par le souffle furieux d'un chalumeau, de vives flammes, des Esseintes posa le vieil in-quarto qu'il lisait, sur une table, s'étira, alluma une cigarette, puis il se prit à rêver délicieusement, lancé à toutes brides sur une piste de souvenirs effacée depuis des mois et subitement retracée par le rappel d'un nom qui s'éveillait, sans motifs du reste, dans sa mémoire.

Il revoyait, avec une surprenante lucidité, la gêne de son camarade d'Aigurande, lorsque, dans une réunion de persévérants célibataires, il avait dû avouer les derniers apprêts d'un mariage. On se récria, on lui peignit les abominations des sommeils dans le même linge; rien n'y fit: la tête perdue, il croyait à l'intelligence de sa future femme et prétendait avoir discerné chez elle d'exceptionnelles qualités de dévouement et de tendresse.

Seul, parmi ces jeunes gens, des Esseintes encouragea ses résolutions dès qu'il eut appris que sa fiancée désirait loger au coin d'un nouveau boulevard, dans l'un de ces modernes appartements tournés en rotonde.

Convaincu de l'impitoyable puissance des petites misères, plus désastreuses pour les tempéraments bien trempés que les grandes et, se basant sur ce fait que d'Aigurande ne possédait aucune fortune et que la dot de sa femme était à peu près nulle, il aperçut, dans ce simple souhait, une perspective infinie de ridicules maux.

En effet, d'Aigurande acheta des meubles façonnés en rond, des consoles évidées par derrière, faisant le cercle, des supports de rideaux en forme d'arc, des tapis taillés en croissants tout un mobilier fabriqué sur commande.

Il dépensa le double des autres, puis, quand sa femme, à court d'argent pour ses toilettes, se lassa d'habiter cette rotonde et s'en fut occuper un appartement carré, moins cher, aucun meuble ne put ni cadrer ni tenir. Peu à peu, cet encombrant mobilier devint une source d'interminables ennuis; l'entente déjà fêlée par une vie commune, s'effrita de semaine en semaine; ils s'indignèrent, se reprochant mutuellement de ne pouvoir demeurer dans ce salon où les canapés et les consoles ne touchaient pas aux murs et branlaient aussitôt qu'on les frôlait, malgré leurs cales. Les fonds manquèrent pour des réparations du reste presque impossibles. Tout devint sujet à aigreurs et à querelles, tout depuis les tiroirs qui avaient joué dans les meubles mal d'aplomb jusqu'aux larcins de la bonne qui profitait de l'inattention des disputes pour piller la caisse; bref, la vie leur fut insupportable; lui, s'égaya au dehors; elle, quêta, parmi les expédients de l'adultère, l'oubli de sa vie pluvieuse et plate. D'un commun avis, ils résilièrent leur bail et requérirent la séparation de corps.

- Mon plan de bataille était exact, s'était alors dit des Esseintes, qui éprouva cette satisfaction des stratégistes dont les manoeuvres, prévues de loin, réussissent.

En songeant actuellement, devant son feu, au bris de ce ménage qu'il avait aidé, par ses bons conseils, à s'unir, il jeta une nouvelle brassée de bois, dans la cheminée, et il repartit à toute volée dans ses rêves.

Appartenant au même ordre d'idées, d'autres souvenirs se pressaient maintenant.

Il y avait de cela quelques années, il s'était croisé, rue de Rivoli, un soir, avec un galopin d'environ seize ans, un enfant pâlot et fûté, tentant de même qu'une fille. Il suçait péniblement une cigarette dont le papier crevait, percé par les bûches pointues du caporal. Tout en pestant, il frottait sur sa cuisse des allumettes de cuisine qui ne partaient point; il les usa toutes. Apercevant alors des Esseintes qui l'observait, il s'approcha, la main sur la visière de sa casquette et lui demanda poliment du feu. Des Esseintes lui offrit d'aromatiques cigarettes de dubèque, puis il entama la conversation et incita l'enfant à lui conter son histoire.

Elle était des plus simples, il s'appelait Auguste Langlois, travaillait chez un cartonnier, avait perdu sa mère et possédait un père qui le battait comme plâtre.

Des Esseintes l'écoutait pensif: - Viens boire dit-il. Et il l'emmena dans un café où il lui fit servir de violents punchs. - L'enfant buvait, sans dire mot. - Voyons, fit tout à coup des Esseintes, veux-tu t'amuser, ce soir? c'est moi qui paye. Et il avait emmené le petit chez madame Laure, une dame qui tenait, rue Mosnier, au troisième, un assortiment de fleuristes, dans une série de pièces rouges, ornées de glaces rondes, meublées de canapés et de cuvettes.

Là, très ébahi, Auguste avait regardé, en pétrissant le drap de sa casquette, un bataillon de femmes dont les bouches peintes s'ouvrirent toutes ensemble - Ah le môme! Tiens, il est gentil!

- Mais, dis donc, mon petit, tu n'as pas l'âge, avait ajouté une grande brune, aux yeux à fleur de tête, au nez busqué, qui remplissait chez Madame Laure l'indispensable rôle de la belle juive.

Installé, presque chez lui, des Esseintes causait avec la patronne, à voix basse.

- N'aie donc pas peur, bêta, reprit-il, s'adressant à l'enfant. Allons, fais ton choix, je régale. Et il poussa doucement le gamin qui tomba sur un divan, entre deux femmes. Elles se serrèrent un peu, sur un signe de madame, enveloppant les genoux d'Auguste, avec leurs peignoirs lui mettant sous le nez leurs épaules poudrées d'un givre entêtant et tiède, et il ne bougeait plus, le sang aux joues, la bouche rêche, les yeux baissés, hasardant, en dessous, des regards curieux qui s'attachaient obstinément au haut des jambes.

Vanda, la belle Juive, l'embrassa, lui donnant de bons conseils, lui recommandant d'obéir à ses père et mère, et ses mains erraient, en même temps, avec lenteur, sur l'enfant dont la figure changée se pâmait sur son cou, à la renverse.

- Alors ce n'est pas pour ton compte que tu viens, ce soir, dit à des Esseintes madame Laure. Mais où diable as-tu levé ce bambin? reprit-elle, quand Auguste eut disparu, emmené par la belle juive.

- Dans la rue, ma chère.

- Tu n'es pourtant pas gris, murmura la vieille dame. Puis, après réflexion, elle ajouta, avec un sourire maternel: - Je comprends; mâtin, dis-donc, il te les faut jeunes, à toi!

Des Esseintes haussa les épaules. - Tu n'y es pas; oh! mais pas du tout, fit-il; la vérité c'est que je tâche simplement de préparer un assassin. Suis bien en effet mon raisonnement. Ce garçon est vierge et a atteint l'âge où le sang bouillonne; il pourrait courir après les fillettes de son quartier, demeurer honnête, tout en s'amusant, avoir, en somme, sa petite part du monotone bonheur réservé aux pauvres. Au contraire, en l'amenant ici, au milieu d'un luxe qu'il ne soupçonnait même pas et qui se gravera forcément dans sa mémoire; en lui offrant, tous les quinze jours, une telle aubaine, il prendra l'habitude de ces jouissances que ses moyens lui interdisent; admettons qu'il faille trois mois pour qu'elles lui soient devenues absolument nécessaires - et, en les espaçant comme je le fais, je ne risque pas de le rassasier; - eh bien, au bout de ces trois mois, je supprime la petite rente que je vais te verser d'avance pour cette bonne action, et alors il volera, afin de séjourner ici; il fera les cent dix-neuf coups, pour se rouler sur ce divan et sous ce gaz!

En poussant les choses à l'extrême, il tuera, je l'espère, le monsieur qui apparaîtra mal à propos tandis qu'il tentera de forcer son secrétaire: - alors, mon but sera atteint, j'aurai contribué, dans la mesure de mes ressources, à créer un gredin, un ennemi de plus pour cette hideuse société qui nous rançonne.

Les femmes ouvrirent de grands yeux.

- Te voilà? reprit-il, voyant Auguste qui rentrait dans le salon et se dérobait, rouge et penaud, derrière la belle Juive. - Allons, gamin, il se fait tard, salue ces dames. Et il lui expliqua dans l'escalier qu'il pourrait, chaque quinzaine, se rendre, sans bourse délier, chez madame Laure; puis, une fois dans la rue, sur le trottoir, regardant l'enfant abasourdi:

- Nous ne nous verrons plus, fit-il; retourne au plus vite chez ton père dont la main est inactive et le démange, et rappelle-toi cette parole quasi évangélique: Fais aux autres ce que tu ne veux pas qu'ils te fassent; avec cette maxime tu iras loin. - Bonsoir. - Surtout ne sois pas ingrat, donne-moi le plus tôt possible de tes nouvelles par la voie des gazettes judiciaires.

- Le petit Judas! murmurait maintenant des Esseintes, en tisonnant ses braises; - dire que je n'ai jamais vu son nom figurer parmi les faits-divers! - Il est vrai qu'il ne m'a pas été possible de jouer serré, que j'ai pu prévoir mais non supprimer certains aléas, tels que les carottes de la mère Laure, empochant l'argent sans échange de marchandise; la toquade d'une de ces femmes pour Auguste qui a peut-être consommé, au bout de ses trois mois, à l'oeil; voire même les vices faisandés de la belle Juive qui ont pu effrayer ce gamin trop impatient et trop jeune pour se prêter aux lents préambules et aux foudroyantes fins des artifices. à moins donc qu'il n'ait eu des démêlés avec la justice depuis qu'étant à Fontenay, je ne lis plus de feuilles, je suis floué.

Il se leva et fit plusieurs tours dans sa chambre. - Ce serait tout de même dommage, se dit-il, car, en agissant de la sorte, j'avais réalisé la parabole laïque, l'allégorie de l'instruction universelle qui, ne tendant à rien moins qu'à transmuer tous les gens en des Langlois, s'ingénie, au lieu de crever définitivement et par compassion les yeux des misérables, à les leur ouvrir tout grands et de force, pour qu'ils aperçoivent autour d'eux des sorts immérités et plus cléments, des joies plus laminées et plus aiguës et, par conséquent, plus désirables et plus chères.

Et le fait est, continua des Esseintes, poursuivant son raisonnement, le fait est que, comme la douleur est un effet de l'éducation, comme elle s'élargit et s'acière à mesure que les idées naissent: plus on s'efforcera d'équarrir l'intelligence et d'affiner le système nerveux des pauvres diables, et plus on développera en eux les germes si furieusement vivaces de la souffrance morale et de la haine.

Les lampes charbonnaient. Il les remonta et consulta sa montre. - Trois heures du matin. - Il alluma une cigarette et se replongea dans la lecture interrompue par ses rêveries, du vieux poème latin De laude castitatis, écrit sous le règne de Gondebald, par Avitus, évêque métropolitain de Vienne.

Chapitre 7

Depuis cette nuit où, sans cause apparente, il avait évoqué le mélancolique souvenir d'Auguste Langlois, il revécut toute son existence.

Il était maintenant incapable de comprendre un mot aux volumes qu'il consultait; ses yeux mêmes ne lisaient plus - il lui sembla que son esprit saturé de littérature et d'art se refusait à en absorber davantage.

Il vivait sur lui-même, se nourrissait de sa propre substance, pareil à ces bêtes engourdies, tapies dans un trou, pendant l'hiver; la solitude avait agi sur son cerveau, de même qu'un narcotique. Après l'avoir tout d'abord énervé et tendu, elle amenait une torpeur hantée de songeries vagues; elle annihilait ses desseins, brisait ses volontés, guidait un défilé de rêves qu'il subissait, passivement, sans même essayer de s'y soustraire.

Le tas confus des lectures, des méditations artistiques, qu'il avait accumulées depuis son isolement, ainsi qu'un barrage pour arrêter le courant des anciens souvenirs, avait été brusquement emporté, et le flot s'ébranlait, culbutant le présent, l'avenir, noyant tout sous la nappe du passé, emplissant son esprit d'une immense étendue de tristesse sur laquelle nageaient, semblables à de ridicules épaves, des épisodes sans intérêt de son existence, des riens absurdes.

Le livre qu'il tenait à la main tombait sur ses genoux; il s'abandonnait, regardant, plein de dégoûts et d'alarmes, défiler les années de sa vie défunte; elles pivotaient, ruisselaient maintenant autour du rappel de madame Laure et d'Auguste, enfoncé, dans ces fluctuations, comme un pieu ferme, comme un fait net. Quelle époque que celle-là! c'était le temps des soirées dans le monde, des courses, des parties de cartes, des amours commandées à l'avance, servies, à l'heure, sur le coup de minuit, dans son boudoir rose! Il se remémorait des figures, des mines, des mots nuls qui l'obsédaient avec cette ténacité des airs vulgaires qu'on ne peut se défendre de fredonner, mais qui finissent par s'épuiser, tout à coup, sans qu'on y pense.

Cette période fut de courte durée; il eut une sieste de mémoire, se replongea dans ses études latines afin d'effacer jusqu'à l'empreinte même de ces retours.

Le branle était donné; une seconde phase succéda presque immédiatement à la première, celle des souvenirs de son enfance, celle surtout des ans écoulés chez les Pères.

Ceux-là étaient plus éloignés et plus certains, gravés d'une façon, plus accusée et plus sûre; le parc touffu, les longues allées, les plates-bandes, les bancs, tous les détails matériels se levèrent dans sa chambre.

Puis les jardins s'emplirent, il entendit résonner les cris des élèves, les rires des professeurs se mêlant aux récréations, jouant à la paume, la soutane retroussée, serrée entre les genoux, ou bien causant avec les jeunes gens, sans pose ni morgue, ainsi que des camarades du même âge, sous les arbres.

Il se rappela le joug paternel qui s'accommodait mal des punitions, se refusait à infliger des cinq cents et des mille vers, se contentait de faire "réparer", tandis que les autres s'amusaient, la leçon pas sue, recourait plus souvent encore à la simple réprimande, entourait l'enfant d'une surveillance active mais douce, cherchant à lui être agréable, consentant à des promenades où bon lui semblait, le mercredi, saisissant l'occasion de toutes les petites fêtes non carillonnées de l'église, pour ajouter à l'ordinaire des repas des gâteaux et du vin, pour le régaler de parties de campagne; un joug paternel qui consistait à ne pas abrutir l'élève, à discuter avec lui, à le traiter déjà en homme, tout en lui conservant le dorlotement d'un bambin gâté.

Ils arrivaient ainsi à prendre sur l'enfant un réel ascendant, à pétrir, dans une certaine mesure, les intelligences qu'ils cultivaient, à les diriger, dans un sens, à les greffer d'idées spéciales, à assurer la croissance de leurs pensées par une méthode insinuante et pateline qu'ils continuaient, en s'efforçant de les suivre dans la vie, de les soutenir dans leur carrière, en leur adressant ces lettres affectueuses comme le dominicain Lacordaire savait en écrire à ses anciens élèves de Sorrèze.

Des Esseintes se rendait compte par lui-même de l'opération qu'il se figurait avoir sans résultat subie; son caractère rebelle aux conseils pointilleux, fureteur, porté aux controverses, l'avait empêché d'être modelé par leur discipline, asservi par leurs leçons; une fois sorti du collège, son scepticisme s'était accru; son passage au travers d'un monde légitimiste, intolérant et borné, ses conversations avec d'inintelligents marguilliers et de bas abbés dont les maladresses déchiraient le voile si savamment tissé par les Jésuites, avaient encore fortifié son esprit d'indépendance, augmenté sa défiance en une foi quelconque.

Il s'estimait, en somme, dégagé de tout lien, de toute contrainte; il avait simplement gardé, contrairement à tous les gens élevés dans les lycées ou les pensions laïques, un excellent souvenir de son collège et de ses maîtres, et voilà que maintenant, il se consultait, en arrivait à se demander si les semences tombées jusqu'à ce jour dans un sol stérile, ne commençaient pas à poindre.

En effet, depuis quelques jours, il se trouvait dans un état d'âme indescriptible. Il croyait pendant une seconde, allait d'instinct à la religion, puis au moindre raisonnement son attirance vers la foi s'évaporait; mais il restait, malgré tout, plein de trouble.

Il savait pourtant bien, en descendant en lui, qu'il n'aurait jamais l'esprit d'humilité et de pénitence vraiment chrétien; il savait, à n'en pouvoir hésiter, que ce moment dont parle Lacordaire, ce moment de la grâce "où le dernier trait de lumière pénètre dans l'âme et rattache à un centre commun les vérités qui y sont éparses", ne viendrait jamais pour lui; il n'éprouvait pas ce besoin de mortification et de prière sans lequel, si l'on écoute la majeure partie des prêtres, aucune conversion n'est possible; il ne ressentait aucun désir d'implorer un Dieu dont la miséricorde lui semblait des moins probables; et cependant la sympathie qu'il conservait pour ses anciens maîtres arrivait à le faire s'intéresser à leurs travaux, à leurs doctrines; ces accents inimitables de la conviction, ces voix ardentes d'hommes d'une intelligence supérieure lui revenaient, l'amenaient à douter de son esprit et de ses forces. Au milieu de cette solitude où

il vivait, sans nouvel aliment, sans impressions fraîchement subies, sans renouvellement de pensées, sans cet échange de
sensations venues du dehors, de la fréquentation du monde, de
l'existence menée en commun; dans ce confinement contre nature où il s'entêtait, toutes les questions, oubliées pendant son
séjour à Paris, se posaient à nouveau, comme d'irritants
problèmes.

La lecture des ouvrages latins qu'il aimait, d'ouvrages
presque tous rédigés par des évêques et par des moines, avait
sans doute contribué à déterminer cette crise. Enveloppé dans
une atmosphère de couvent, dans un parfum d'encens qui lui
grisaient la tête, il s'était exalté les nerfs et par une association
d'idées, ces livres avaient fini par refouler les souvenirs de sa
vie de jeune homme, par remettre en lumière ceux de sa jeunesse, chez les Pères.

- Il n'y a pas à dire, pensait des Esseintes s'essayant à se rai-
sonner, à suivre la marche de cette ingestion de l'élément Jésuite, à Fontenay; j'ai, depuis mon enfance, et sans que je l'aie
jamais su, ce levain qui n'avait pas encore fermenté; ce penchant même que j'ai toujours eu pour les objets religieux en est
peut-être une preuve.

Mais il cherchait à se persuader le contraire, mécontent de
ne plus être maître absolu chez lui; il se procura des motifs; il
avait dû forcément se tourner du côté du sacerdoce, puisque
l'église a, seule, recueilli l'art, la forme perdue des siècles; elle
a immobilisé, jusque dans la vile reproduction moderne, le
contour des orfèvreries, gardé le charme des calices élancés
comme des pétunias, des ciboires aux flancs purs; préservé,
même dans l'aluminium, dans les faux émaux, dans les verres
colorés, la grâce des façons d'antan. En somme, la plupart des
objets précieux, classés au musée de Cluny, et échappés par
miracle à l'immonde sauvagerie des sans-culottes, proviennent
des anciennes abbayes de France; de même que l'église a préservé de la barbarie, au moyen âge, la philosophie, l'histoire et
les lettres, de même elle a sauvé l'art plastique, amené jusqu'à
nos jours ces merveilleux modèles de tissus, de joailleries que
les fabricants de choses saintes gâtent le plus qu'ils peuvent,
sans en pouvoir toutefois altérer la forme initiale, exquise. Il
n'y avait dès lors rien de surprenant à ce qu'il eût pourchassé
ces antiques bibelots, qu'il eût, avec nombre de

collectionneurs, retiré ces reliques de chez les antiquaires de Paris, de chez les brocanteurs de la campagne.

Mais, il avait beau invoquer toutes ces raisons, il ne parvenait pas complètement à se convaincre. Certes, en se résumant, il persistait à considérer la religion ainsi qu'une superbe légende, qu'une magnifique imposture, et cependant, en dépit de toutes ces explications, son scepticisme commençait à s'entamer.

Évidemment, ce fait bizarre existait: il était moins assuré maintenant que dans son enfance, alors que la sollicitude des Jésuites était directe, que leur enseignement était inévitable, qu'il était entre leurs mains, leur appartenait, corps et âme, sans liens de famille, sans influences pouvant réagir contre eux, du dehors. Ils lui avaient aussi inculqué un certain goût du merveilleux qui s'était lentement et obscurément ramifié dans son âme, qui s'épanouissait aujourd'hui, dans la solitude, qui agissait quand même sur l'esprit silencieux, interné, promené dans le court manège des idées fixes.

À examiner le travail de sa pensée, à chercher à en relier les fils, à en découvrir les sources et les causes, il en vint à se persuader que ses agissements, pendant sa vie mondaine, dérivaient de l'éducation qu'il avait reçue. Ainsi ses tendances vers l'artifice, ses besoins d'excentricité, n'étaient-ils pas, en somme, des résultats d'études spécieuses, de raffinements extraterrestres, de spéculations quasi théologiques; c'étaient, au fond, des transports, des élans vers un idéal, vers un univers inconnu, vers une béatitude lointaine, désirable comme celle que nous promettent les écritures.

Il s'arrêta net, brisa le fil de ses réflexions. - Allons, se dit-il, dépité, je suis encore plus atteint que je ne le croyais; voilà que j'argumente avec moi-même, ainsi qu'un casuiste.

Il resta songeur, agité d'une crainte sourde; certes, si la théorie de Lacordaire était exacte, il n'avait rien à redouter, puisque le coup magique de la conversion ne se produit point dans un sursaut; il fallait, pour amener l'explosion, que le terrain fût longuement, constamment miné; mais si les romanciers parlent du coup de foudre de l'amour, un certain nombre de théologiens parlent aussi du coup de foudre de la religion; en admettant que cette doctrine fût vraie, personne n'était alors sûr de ne pas succomber. Il n'y avait plus ni analyse à faire sur soi-même, ni pressentiments à considérer, ni mesures préventives à requérir; la psychologie du mysticisme était nulle. C'était ainsi parce que c'était ainsi, et voilà tout.

- Eh! je deviens stupide, se dit des Esseintes, la crainte de cette maladie va finir par déterminer la maladie elle-même, si ça continue.

Il parvint à secouer un peu cette influence; ses souvenirs s'apaisèrent, mais d'autres symptômes morbides parurent; maintenant les sujets de discussions le hantaient seuls; le parc, les leçons, les Jésuites étaient loin; il était dominé, tout entier, par des abstractions; il pensait, malgré lui, à des interprétations contradictoires de dogmes, à des apostasies perdues, consignées dans l'ouvrage sur les Conciles, du père Labbe. Des bribes de ces schismes, des bouts de ces hérésies, qui divisèrent, pendant des siècles, les églises de l'Occident et de l'Orient, lui revenaient. Ici, Nestorius contestant à la Vierge le titre de mère de Dieu, parce que, dans le mystère de l'Incarnation, ce n'était pas le Dieu, mais bien la créature humaine qu'elle avait portée dans ses flancs; là, Eutychès, déclarant que l'image du Christ ne pouvait ressembler à celle des autres hommes, puisque la Divinité avait élu domicile dans son corps et en avait, par conséquent, changé la forme du tout au tout; là encore, d'autres ergoteurs soutenaient que le Rédempteur n'avait pas eu du tout de corps, que cette expression des livres saints devait être prise au figuré; tandis que Tertullien émettait son fameux axiome quasi matérialiste: "Rien n'est incorporel que ce qui n'est pas; tout ce qui est, a un corps qui lui est propre"; enfin cette vieille question, débattue pendant des ans: le Christ a-t-il été attaché, seul, sur la croix ou bien la Trinité, une en trois personnes, a-t-elle souffert, dans sa triple hypostase, sur le gibet du Calvaire? le sollicitaient et le pressaient - et, machinalement, comme une leçon jadis apprise, il se posait à lui-même les questions et se donnait les réponses.

Ce fut, durant quelques jours, dans sa cervelle, un grouillement de paradoxes, de subtilités, un vol de poils fendus en quatre, un écheveau de règles aussi compliquées que des articles de codes, prêtant à tous les sens, à tous les jeux de mots, aboutissant à une jurisprudence céleste des plus ténues, des plus baroques; puis le côté abstrait s'effaça, à son tour, et tout un côté plastique lui succéda, sous l'action des Gustave Moreau pendus aux murs.

Il vit défiler toute une procession de prélats: des archimandrites, des patriarches, levant, pour bénir la foule agenouillée, des bras d'or, agitant leurs barbes blanches dans la lecture et la prière; il vit s'enfoncer dans des cryptes obscures des files silencieuses de pénitents; il vit s'élever des cathédrales immenses où tonitruaient des moines blancs en chaire. De même, qu'après une touche d'opium, de Quincey, au seul mot de "Consul Romanus", évoquait des pages entières de Tite-Live, regardait s'avancer la marche solennelle des Consuls, s'ébranler la pompeuse ordonnance des armées romaines; lui, sur une expression théologique, demeurait haletant, considérait des reflux de peuple, des apparitions épiscopales se détachant sur les fonds embrasés des basiliques; ces spectacles le tenaient sous le charme, courant d'âges en âges, arrivant aux cérémonies religieuses modernes, le roulant dans un infini de musique, lamentable et tendre.

Là, il n'avait plus de raisonnement à se faire, plus de débats à supporter; c'était une indéfinissable impression de respect et de crainte; le sens artiste était subjugué par les scènes si bien calculées des catholiques; à ces souvenirs, ses nerfs tressaillaient, puis en une subite rébellion, en une rapide volte, des idées monstrueuses naissaient en lui, des idées de ces sacrilèges prévus par le manuel des confesseurs, des ignominieux et impurs abus de l'eau bénite et de l'huile sainte. En face d'un Dieu omnipotent, se dressait maintenant un rival plein de force, le Démon, et une affreuse grandeur lui semblait devoir résulter d'un crime pratiqué, en pleine église par un croyant s'acharnant, dans une horrible allégresse, dans une joie toute sadique, à blasphémer, à couvrir d'outrages, à abreuver d'opprobres, les choses révérées; des folies de magie, de messe noire, de sabbat, des épouvantes de possessions et d'exorcismes se levaient; il en venait à se demander s'il ne commettait pas un sacrilège, en possédant des objets autrefois consacrés, des canons d'église, des chasubles et des custodes; et, cette pensée d'un état peccamineux lui apportait une sorte d'orgueil et d'allègement; il y démêlait des plaisirs de sacrilèges, mais de sacrilèges contestables, en tout cas, peu graves, puisqu'en somme il aimait ces objets et n'en dépravait pas l'usage; il se berçait ainsi de pensées prudentes et lâches, la suspicion de son âme lui interdisant des crimes manifestes, lui enlevant la bravoure nécessaire pour accomplir des péchés épouvantables, voulus, réels.

Peu à peu enfin, ces arguties s'évanouirent. Il vit, en quelque sorte, du haut de son esprit, le panorama de l'église, son influence héréditaire sur l'humanité, depuis des siècles; il se la représenta, désolée et grandiose, énonçant à l'homme, l'horreur de la vie, l'inclémence de la destinée, prêchant la patience, la contrition, l'esprit de sacrifice; tâchant de panser les plaies, en montrant les blessures saignantes du Christ; assurant des privilèges divins, promettant la meilleure part du paradis aux affligés; exhortant la créature humaine à souffrir; à présenter à Dieu, comme un holocauste, ses tribulations et ses offenses, ses vicissitudes et ses peines. Elle devenait véritablement éloquente, maternelle aux misérables, pitoyable aux opprimés, menaçante pour les oppresseurs et les despotes.

Ici, des Esseintes reprenait pied. Certes, il était satisfait de cet aveu de l'ordure sociale, mais alors, il se révoltait contre le vague remède d'une espérance en une autre vie. Schopenhauer était plus exact; sa doctrine et celle de l'église partaient d'un point de vue commun; lui aussi se basait sur l'iniquité et sur la turpitude du monde, lui aussi jetait avec l'Imitation de Notre-Seigneur, cette clameur douloureuse: "C'est vraiment une misère que de vivre sur la terre!" Lui aussi prêchait le néant de l'existence, les avantages de la solitude, avisait l'humanité que quoi qu'elle fît, de quelque côté qu'elle se tournât, elle demeurerait malheureuse: pauvre, à cause des souffrances qui naissent des privations, riche, en raison de l'invincible ennui qu'engendre l'abondance; mais il ne vous prônait aucune panacée, ne vous berçait, pour remédier à d'inévitables maux, par aucun leurre.

Il ne vous soutenait pas le révoltant système du péché originel; ne tentait point de vous prouver que celui-là est un Dieu souverainement bon qui protège les chenapans, aide les imbéciles, écrase l'enfance, abêtit la vieillesse, châtie les incoupables; il n'exaltait pas les bienfaits d'une Providence qui a inventé cette abomination, inutile, incompréhensible, injuste, inepte, la souffrance physique; loin de s'essayer à justifier, ainsi que l'église, la nécessité des tourments et des épreuves, il s'écriait, dans sa miséricorde indignée: "Si un Dieu a fait ce monde, je n'aimerais pas à être ce Dieu; la misère du monde me déchirerait le coeur."

Ah! lui seul était dans le vrai! qu'étaient toutes les pharmaco- pées évangéliques à côté de ses traités d'hygiène spirituelle? Il ne prétendait rien guérir, n'offrait aux malades aucune com- pensation, aucun espoir; mais sa théorie du Pessimisme était, en somme, la grande consolatrice des intelligences choisies, des âmes élevées; elle révélait la société telle qu'elle est, insis- tait sur la sottise innée des femmes, vous signalait les ornières, vous sauvait des désillusions en vous avertissant de restreindre autant que possible vos espérances, de n'en point du tout concevoir, si vous vous en sentiez la force, de vous estimer en- fin heureux si, à des moments inopinés, il ne vous dégringolait pas sur la tête de formidables tuiles.

Élancée de la même piste que l'Imitation, cette théorie abou- tissait, elle aussi, mais sans s'égarer parmi de mystérieux dé- dales et d'invraisemblables routes, au même endroit, à la rési- gnation, au laisser-faire.

Seulement, si cette résignation tout bonnement issue de la constatation d'un état de choses déplorable et de l'impossibilité d'y rien changer, était accessible aux riches de l'esprit, elle n'était que plus difficilement saisissable aux pauvres dont la bienfaisante religion calmait plus aisément alors les revendica- tions et les colères,

Ces réflexions soulageaient des Esseintes d'un lourd poids; les aphorismes du grand Allemand apaisaient le frisson de ses pensées et cependant, les points de contact de ces deux doc- trines les aidaient à se rappeler mutuellement à la mémoire, et il ne pouvait oublier, ce catholicisme si poétique, si poignant, dans lequel il avait baigné et dont il avait jadis absorbé l'essence par tous les pores.

Ces retours de la croyance, ces appréhensions de la foi le tourmentaient surtout depuis que des altérations se produi- saient dans sa santé; ils coïncidaient avec des désordres ner- veux nouvellement venus.

Depuis son extrême jeunesse, il avait été torturé par d'inexplicables répulsions, par des frémissements qui lui gla- çaient l'échine, lui contractaient les dents, par exemple, quand il voyait du linge mouillé qu'une bonne était en train de tordre;

ces effets avaient toujours persisté; aujourd'hui encore il souffrait réellement à entendre déchirer une étoffe, à frotter un doigt sur un bout de craie, à tâter avec la main un morceau de moire.

Les excès de sa vie de garçon, les tensions exagérées de son cerveau, avaient singulièrement aggravé sa névrose originelle, amoindri le sang déjà usé de sa race; à Paris, il avait dû suivre des traitements d'hydrothérapie, pour des tremblements des doigts, pour des douleurs affreuses, des névralgies qui lui coupaient en deux la face, frappaient à coups continus la tempe, aiguillaient les paupières, provoquaient des nausées qu'il ne pouvait combattre qu'en s'étendant sur le dos, dans l'ombre.

Ces accidents avaient lentement disparu, grâce à une vie plus réglée, plus calme; maintenant, ils s'imposaient à nouveau, variant de forme, se promenant par tout le corps; les douleurs quittaient le crâne, allaient au ventre ballonné, dur, aux entrailles traversées d'un fer rouge, aux efforts inutiles et pressants; puis la toux nerveuse, déchirante, aride, commençant juste à telle heure, durant un nombre de minutes toujours égal, le réveilla, l'étrangla au lit; enfin l'appétit cessa, des aigreurs gazeuses et chaudes, des feux secs lui parcoururent l'estomac; il gonflait, étouffait, ne pouvait plus, après chaque tentative de repas, supporter une culotte boutonnée, un gilet serré.

Il supprima les alcools, le café, le thé, but des laitages, recourut à des affusions d'eau froide, se bourra d'assa-foetida, de valériane et de quinine; il voulut même sortir de sa maison, se promena un peu, dans la campagne, lorsque vinrent ces jours de pluie qui la font silencieuse et vide; il se força à marcher, à prendre de l'exercice; en dernier ressort, il renonça provisoirement à la lecture et, rongé d'ennui, il se détermina, pour occuper sa vie devenue oisive, à réaliser un projet qu'il avait sans cesse différé, par paresse, par haine du dérangement, depuis qu'il s'était installé à Fontenay.

Ne pouvant plus s'enivrer à nouveau des magies du style, s'énerver sur le délicieux sortilège de l'épithète rare qui, tout en demeurant précise, ouvre cependant à l'imagination des initiés, des au-delà sans fin, il se résolut à parachever l'ameublement du logis, à se procurer des fleurs précieuses de serre, à se concéder ainsi une occupation matérielle qui le distrairait, lui detendrait les nerfs, lui reposerait le cerveau, et il esperait aussi que la vue de leurs etranges et splendides nuances le dedommagerait un peu des chimeriques et reelles couleurs du style que sa diete litteraire allait lui faire momentanement oublier ou perdre.

Chapitre 8

Il avait toujours raffolé des fleurs, mais cette passion qui, pendant ses séjours à Jutigny, s'était tout d'abord étendue à la fleur, sans distinction ni d'espèces ni de genres, avait fini par s'épurer, par se préciser sur une seule caste.

Depuis longtemps déjà, il méprisait la vulgaire plante qui s'épanouit sur les éventaires des marchés parisiens, dans des pots mouillés, sous de vertes bannes ou sous de rougeâtres parasols.

En même temps que ses goûts littéraires, que ses préoccupations d'art, s'étaient affinés, ne s'attachant plus qu'aux oeuvres triées à l'étamine, distillées par des cerveaux tourmentés et subtils; en même temps aussi que sa lassitude des idées répandues s'était affirmée, son affection pour les fleurs s'était dégagée de tout résidu, de toute lie, s'était clarifiée, en quelque sorte, rectifiée.

Il assimilait volontiers le magasin d'un horticulteur à un microcosme où étaient représentées toutes les catégories de la société: les fleurs pauvres et canailles, les fleurs de bouge, qui ne sont dans leur vrai milieu que lorsqu'elles reposent sur des rebords de mansardes, les racines tassées dans des boîtes au lait et de vieilles terrines, la giroflée, par exemple; les fleurs prétentieuses, convenues, bêtes, dont la place est seulement dans des cache-pots de porcelaine peints par des jeunes filles, telles que la rose; enfin les fleurs de haute lignée telles que les orchidées, délicates et charmantes, palpitantes et frileuses; les fleurs exotiques, exilées à Paris, au chaud dans des palais de verre; les princesses du règne végétal, vivant à l'écart, n'ayant plus rien de commun avec les plantes de la rue et les flores bourgeoises.

En somme, il ne laissait pas que d'éprouver un certain intérêt, une certaine pitié, pour les fleurs populacières exténuées par les haleines des égouts et des plombs, dans les quartiers pauvres; il exécrait, en revanche, les bouquets en accord avec les salons crème et or des maisons neuves; il réservait enfin, pour l'entière joie de ses yeux, les plantes distinguées, rares, venues de loin, entretenues avec des soins rusés, sous de faux équateurs produits par les souffles dosés des poêles.

Mais ce choix définitivement posé sur la fleur de serre s'était lui-même modifié sous l'influence de ses idées générales, de ses opinions maintenant arrêtées sur toute chose; autrefois, à Paris, son penchant naturel vers l'artifice l'avait conduit à délaisser la véritable fleur pour son image fidèlement exécutée, grâce aux miracles des caoutchoucs et des fils, des percalines et des taffetas, des papiers et des velours.

Il possédait ainsi une merveilleuse collection de plantes des Tropiques, ouvrées par les doigts de profonds artistes, suivant la nature pas à pas, la créant à nouveau, prenant la fleur dès sa naissance, la menant à maturité, la simulant jusqu'à son déclin; arrivant à noter les nuances les plus infinies, les traits les plus fugitifs de son réveil ou de son repos; observant la tenue de ses pétales, retroussés par le vent ou fripés par la pluie; jetant sur ses corolles matineuses, des gouttes de rosée en gomme; la façonnant, en pleine floraison, alors que les branches se courbent sous le poids de la sève, ou élançant sa tige sèche, sa cupule racornie, quand les calices se dépouillent et quand les feuilles tombent.

Cet art admirable l'avait longtemps séduit, mais il rêvait maintenant à la combinaison d'une autre flore.

Après les fleurs factices singeant les véritables fleurs, il voulait des fleurs naturelles imitant des fleurs fausses.

Il dirigea ses pensées dans ce sens; il n'eut point à chercher longtemps, à aller loin, puisque sa maison était située au beau milieu du pays des grands horticulteurs. Il s'en fut tout bonnement visiter les serres de l'avenue de Châtillon et de la vallée d'Aunay, revint éreinté, la bourse vide, émerveillé des folies de végétation qu'il avait vues, ne pensant plus qu'aux espèces qu'il avait acquises, hanté sans trêve par des souvenirs de corbeilles magnifiques et bizarres.

Deux jours après, les voitures arrivèrent.

Sa liste à la main, des Esseintes appelait, vérifiait ses emplettes, une à une.

Les jardiniers descendirent de leurs carrioles une collection de Caladiums qui appuyaient sur des tiges turgides et velues d'énormes feuilles, de la forme d'un coeur; tout en conservant entre eux un air de parenté, aucun ne se répétait.

Il y en avait d'extraordinaires, des rosâtres, tels que le Virginale qui semblait découpé dans de la toile vernie, dans du taffetas gommé d'Angleterre; de tout blancs, tels que l'Albane, qui paraissait taillé dans la plèvre transparente d'un boeuf, dans la vessie diaphane d'un porc; quelques-uns, surtout le Madame Mame, imitaient le zinc, parodiaient des morceaux de métal estampé, teints en vert empereur, salis par des gouttes de peinture à l'huile, par des taches de minium et de céruse; ceux-ci, comme le Bosphore, donnaient l'illusion d'un calicot empesé, caillouté de cramoisi et de vert myrte; ceux-là, comme l'Aurore Boréale, étalaient une feuille couleur de viande crue, striée de côtes pourpre, de fibrilles violacées, une feuille tuméfiée, suant le vin bleu et le sang.

Avec l'Albane, l'Aurore présentait les deux notes extrêmes du tempérament, l'apoplexie et la chlorose de cette plante.

Les jardiniers apportèrent encore de nouvelles variétés; elles affectaient, cette fois, une apparence de peau factice sillonnée de fausses veines; et, la plupart, comme rongées par des syphilis et des lèpres, tendaient des chairs livides, marbrées de roséoles, damassées de dartres; d'autres avaient le ton rose vif des cicatrices qui se ferment ou la teinte brune des croûtes qui se forment; d'autres étaient bouillonnées par des cautères, soulevées par des brûlures; d'autres encore montraient des épidermes poilus, creusés par des ulcères et repoussés par des chancres; quelques-unes, enfin, paraissaient couvertes de pansements, plaquées d'axonge noire mercurielle, d'onguents verts de belladone, piquées de grains de poussière, par les micas jaunes de la poudre d'iodoforme.

Réunies entre elles, ces fleurs éclatèrent devant des Esseintes, plus monstrueuses que lorsqu'il les avait surprises, confondues avec d'autres, ainsi que dans un hôpital, parmi les salles vitrées des serres.

- Sapristi! fit-il enthousiasmé.

Une nouvelle plante, d'un modèle similaire à celui des Caladiums, l'"Alosacia Metallica", l'exalta encore. Celle-là était enduite d'une couche de vert bronze sur laquelle glissaient des reflets d'argent; elle était le chef-d'oeuvre du factice; on eût dit d'un morceau de tuyau de poêle, découpé en fer de pique, par un fumiste.

Les hommes débarquèrent ensuite des touffes de feuilles, losangées, vert-bouteille; au milieu s'élevait une baguette au bout de laquelle tremblotait un grand as de coeur, aussi vernissé qu'un piment; comme pour narguer tous les aspects connus des plantes, du milieu de cet as d'un vermillon intense, jaillissait une queue charnue, cotonneuse, blanche et jaune, droite chez les unes, tire-bouchonnée, tout en haut du coeur, de même qu'une queue de cochon, chez les autres. C'était l'Anthurium, une aroïdée récemment importée de Colombie en France; elle faisait partie d'un lot de cette famille à laquelle appartenait aussi un Amorphophallus, une plante de Cochinchine, aux feuilles taillées en truelles à poissons, aux longues tiges noires couturées de balafres, pareilles à des membres endommagés de nègre.

Des Esseintes exultait.

On descendait des voitures une nouvelle fournée de monstres: des Echinopsis, sortant de compresses en ouate des fleurs d'un rose de moignon ignoble; des Nidularium, ouvrant, dans des lames de sabres, des fondements écorchés et béants; des "Tillandsia Lindeni" tirant des grattoirs ébréchés, couleur de moût de vin; des Cypripedium, aux contours compliqués, incohérents, imaginés par un inventeur en démence. Ils ressemblaient à un sabot, à un vide-poche, au-dessus duquel se retrousserait une langue humaine, au filet tendu, telle qu'on en voit dessinées sur les planches des ouvrages traitant des affections de la gorge et de la bouche; deux petites ailettes, rouge de jujube, qui paraissaient empruntées à un moulin d'enfant, complétaient ce baroque assemblage d'un dessous de langue, couleur de lie et d'ardoise, et d'une pochette lustrée dont la doublure suintait une visqueuse colle.

Il ne pouvait détacher ses yeux de cette invraisemblable orchidée issue de l'Inde; les jardiniers que ces lenteurs ennuyaient se mirent à annoncer, eux-mêmes, à haute voix, les étiquettes piquées dans les pots qu'ils apportaient.

Des Esseintes regardait, effaré, écoutant sonner les noms rébarbatifs des plantes vertes: l' "Encephalarios horridus", un gigantesque artichaut de fer, peint en rouille, tel qu'on en met aux portes des châteaux, afin d'empêcher les escalades; le "Cocos Micania", une sorte de palmier, dentelé et grêle, entouré, de toutes parts, par de hautes feuilles semblables à des pagaies et à des rames; le "Zamia Lehmanni", un immense ananas, un prodigieux pain de Chester, planté dans de la terre de bruyère et hérissé, à son sommet, de javelots barbelés et de flèches sauvages; le "Cibotium Spectabile", enchérissant sur ses congénères, par la folie de sa structure, jetant un défi au rêve, en élançant dans un feuillage palmé, une énorme queue d'orang-outang, une queue velue et brune au bout contourné en crosse d'évêque.

Mais il les contemplait à peine, attendait avec impatience la série des plantes qui le séduisaient, entre toutes, les goules végétales, les plantes carnivores, le Gobe-Mouche des Antilles, au limbe pelucheux, sécrétant un liquide digestif, muni d'épines courbes se repliant, les unes sur les autres, formant une grille au-dessus de l'insecte qu'il emprisonne; les Drosera des tourbières garnis de crins glanduleux, les Sarracena, les Cephalothus, ouvrant de voraces cornets capables de digérer, d'absorber, de véritables viandes; enfin le Népenthès dont la fantaisie dépasse les limites connues des excentriques formes.

Il ne put se lasser de tourner et de retourner entre ses mains, le pot où s'agitait cette extravagance de la flore. Elle imitait le caoutchouc dont elle avait la feuille allongée, d'un vert métallique et sombre, mais du bout de cette feuille pendait une ficelle verte, descendait un cordon ombilical supportant une urne verdâtre, jaspée de violet, une espèce de pipe allemande en porcelaine, un nid d'oiseau singulier, qui se balançait, tranquille, montrant un intérieur tapissé de poils.

- Celle-là va loin, murmura des Esseintes.

Il dut s'arracher à son allégresse, car les jardiniers, pressés de partir, vidaient le fond de leurs charrettes, plaçaient pêle-mêle, des Bégonias tubéreux et des Crotons noirs tachetés de rouge de saturne, en tôle.

Alors il s'aperçut qu'un nom restait encore sur sa liste, le Cattleya de la Nouvelle-Grenade; on lui désigna une clochette ailée d'un lilas effacé, d'un mauve presque éteint; il s'approcha, mit son nez dessus et recula brusquement; elle exhalait une odeur de sapin verni, de boîte à jouets, évoquait les horreurs d'un jour de l'an.

Il pensa qu'il ferait bien de se défier d'elle, regretta presque d'avoir admis parmi les plantes inodores qu'il possédait, cette orchidée qui fleurait les plus désagréables des souvenirs.

Une fois seul, il regarda cette marée de végétaux qui déferlait dans son vestibule; ils se mêlaient, les uns aux autres, croisaient leurs épées, leurs kriss, leurs fers de lances, dessinaient un faisceau d'armes vertes, au-dessus duquel flottaient, ainsi que des fanions barbares, des fleurs aux tons aveuglants et durs.

L'air de la pièce se raréfiait; bientôt, dans l'obscurité d'une encoignure, près du parquet, une lumière rampa, blanche et douce, Il l'atteignit et s'aperçut que c'étaient des Rhizomorphes qui jetaient en respirant ces lueurs de veilleuses.

Ces plantes sont tout de même stupéfiantes, se dit-il; puis il se recula et en couvrit d'un coup d'oeil l'amas: son but était atteint; aucune ne semblait réelle; l'étoffe, le papier, la porcelaine, le métal, paraissaient avoir été prêtés par l'homme à la nature pour lui permettre de créer ses monstres, Quand elle n'avait pu imiter l'oeuvre humaine, elle avait été réduite à recopier les membranes intérieures des animaux, à emprunter les vivaces teintes de leurs chairs en pourriture, les magnifiques hideurs de leurs gangrènes.

Tout n'est que syphilis, songea des Esseintes, l'oeil attiré, rivé sur les horribles tigrures des Caladium que caressait un rayon de jour. Et il eut la brusque vision d'une humanité sans cesse travaillée par le virus des anciens âges. Depuis le commencement du monde, de pères en fils, toutes les créatures se transmettaient l'inusable héritage, l'éternelle maladie qui a ravagé les ancêtres de l'homme, qui a creusé jusqu'aux os maintenant exhumés des vieux fossiles!

Elle avait couru, sans jamais s'épuiser à travers les siècles; aujourd'hui encore, elle sévissait, se dérobant en de sournoises souffrances, se dissimulant sous les symptômes des migraines et des bronchites, des vapeurs et des gouttes; de temps à autre, elle grimpait à la surface, s'attaquant de préférence aux gens mal soignés, mal nourris, éclatant en pièces d'or, mettant, par ironie, une parure de sequins d'almée sur le front des pauvres diables, leur gravant, pour comble de misère, sur l'épiderme, l'image de l'argent et du bien-être!

Et la voilà qui reparaissait, en sa splendeur première, sur les feuillages colorés des plantes!

- Il est vrai, poursuivit des Esseintes, revenant au point de départ de son raisonnement, il est vrai que la plupart du temps la nature est, à elle seule, incapable de procréer des espèces aussi malsaines et aussi perverses; elle fournit la matière première, le germe et le sol, la matrice nourricière et les éléments de la plante que l'homme élève, modèle, peint, sculpte ensuite à sa guise.

Si entêtée, si confuse, si bornée qu'elle soit, elle s'est enfin soumise, et son maître est parvenu à changer par des réactions chimiques les substances de la terre, à user de combinaisons longuement mûries, de croisements lentement apprêtés, à se servir de savantes boutures, de méthodiques greffes, et il lui fait maintenant pousser des fleurs de couleurs différentes sur la même branche, invente pour elle de nouveaux tons, modifie, à son gré, la forme séculaire de ses plantes, débrutit les blocs, termine les ébauches, les marques de son étampe, leur imprime son cachet d'art.

Il n'y a pas à dire, fit-il, résumant ses réflexions; l'homme, peut en quelques années amener une sélection que la paresseuse nature ne peut jamais produire qu'après des siècles; décidément, par le temps qui court, les horticulteurs sont les seuls et les vrais artistes.

Il était un peu las et il étouffait dans cette atmosphère de plantes enfermées; les courses qu'il avait effectuées, depuis quelques jours, l'avaient rompu; le passage entre le grand air et la tiédeur du logis, entre l'immobilité d'une vie recluse et le mouvement d'une existence libérée, avait été trop brusque; il quitta son vestibule et fut s'étendre sur son lit; mais, absorbé par un sujet unique, comme monté par un ressort, l'esprit, bien qu'endormi, continua de dévider sa chaîne, et bientôt il roula dans les sombres folies d'un cauchemar.

Il se trouvait, au milieu d'une allée en plein bois, au crépuscule; il marchait à côté d'une femme qu'il n'avait jamais ni connue, ni vue; elle était efflanquée, avait des cheveux filasse, une face de bouledogue, des points de son sur les joues, des dents de travers lancées en avant sous un nez camus. Elle portait un tablier blanc de bonne, un long fichu écartelé en buffleterie sur la poitrine, des demi-bottes de soldat prussien, un bonnet noir orné de ruches et garni d'un chou.

Elle avait l'air d'une foraine, l'apparence d'une saltimbanque de foire.

Il se demanda quelle était cette femme qu'il sentait entrée, implantée depuis longtemps déjà dans son intimité et dans sa vie; il cherchait en vain son origine, son nom, son métier, sa raison d'être; aucun souvenir ne lui revenait de cette liaison inexplicable et pourtant certaine.

Il scrutait encore sa mémoire, lorsque soudain une étrange figure parut devant eux, à cheval, trotta pendant une minute et se retourna sur sa selle.

Alors, son sang ne fit qu'un tour et il resta cloué, par l'horreur, sur place. Cette figure ambiguë, sans sexe, était verte et elle ouvrait dans des paupières violettes, des yeux d'un bleu clair et froid, terribles; des boutons entouraient sa bouche; des bras extraordinairement maigres, des bras de squelette, nus jusqu'aux coudes, sortaient de manches en haillons, tremblaient de fièvre, et les cuisses décharnées grelottaient dans des bottes à chaudron, trop larges.

L'affreux regard s'attachait à des Esseintes, le pénétrait le glaçait jusqu'aux moelles - plus affolée encore, la femme bouledogue se serra contre lui et hurla à la mort, la tête renversée sur son cou roide.

Et aussitôt il comprit le sens de l'épouvantable vision. Il avait devant les yeux l'image de la Grande Vérole.

Talonné par la peur, hors de lui, il enfila un sentier de traverse, gagna, à toutes jambes, un pavillon qui se dressait parmi de faux ébéniers, à gauche; là, il se laissa tomber sur une chaise, dans un couloir.

Après quelques instants, alors qu'il commençait à reprendre haleine, des sanglots lui avaient fait lever la tête; la femme bouledogue était devant lui; et, lamentable et grotesque, elle pleurait à chaudes larmes, disant qu'elle avait perdu ses dents pendant la fuite, tirant de la poche de son tablier de bonne, des pipes en terre, les cassant et s'enfonçant des morceaux de tuyaux blancs dans les trous de ses gencives.

- Ah! çà, mais elle est absurde, se disait des Esseintes jamais ces tuyaux ne pourront tenir - et, en effet, tous coulaient de la mâchoire, les uns après les autres.

À ce moment, le galop d'un cheval s'approcha. Une effroyable terreur poigna des Esseintes; ses jambes se dérobèrent; le galop se précipitait; le désespoir le releva comme d'un coup de fouet; il se jeta sur la femme qui piétinait maintenant les fourneaux des pipes, la supplia de se taire, de ne pas les dénoncer par le bruit de ses bottes. Elle se débattait, il l'entraîna au fond du corridor, l'étranglant pour l'empêcher de crier, il aperçut, tout à coup, une porte d'estaminet, à persiennes peintes en vert, sans loquet, la poussa, prit son élan et s'arrêta.

Devant lui, au milieu d'une vaste clairière, d'immenses et blancs pierrots faisaient des sauts de lapins, dans des rayons de lune.

Des larmes de découragement lui montèrent aux yeux; jamais, non, jamais il ne pourrait franchir le seuil de la porte - je serais écrasé, pensait-il, - et, comme pour justifier ses craintes, la série des pierrots immenses se multipliait; leurs culbutes emplissaient maintenant tout l'horizon, tout le ciel qu'ils cognaient alternativement, avec leurs pieds et avec leurs têtes.

Alors les pas du cheval s'arrêtèrent. Il était là, derrière une lucarne ronde, dans le couloir; plus mort que vif, des Esseintes se retourna, vit par l'oeil-de-boeuf des oreilles droites, des dents jaunes, des naseaux soufflant deux jets de vapeur qui puaient le phénol.

Il s'affaissa, renonçant à la lutte, à la fuite; il ferma les yeux pour ne pas apercevoir l'affreux regard de la Syphilis qui pesait sur lui, au travers du mur, qu'il croisait quand même sous ses paupières closes, qu'il sentait glisser sur son échine moite, sur son corps dont les poils se hérissaient dans des mares de sueur froide. Il s'attendait à tout, espérait même pour en finir le coup de grâce; un siècle, qui dura sans doute une minute, s'écoula; il rouvrit, en frissonnant, les yeux. Tout s'était évanoui; sans transition, ainsi que par un changement à vue, par un truc de décor, un paysage minéral atroce fuyait au loin, un paysage blafard, désert, raviné, mort; une lumière éclairait ce site désolé, une lumière tranquille, blanche, rappelant les lueurs du phosphore dissous dans l'huile.

Sur le sol quelque chose remua qui devint une femme très pâle, nue, les jambes moulées dans des bas de soie verts.

Il la contempla curieusement; semblables à des crins crespelés par des fers trop chauds, ses cheveux frisaient en se cassant du bout; des urnes de Népenthès pendaient à ses oreilles; des tons de veau cuit brillaient dans ses narines entrouvertes. Les yeux pâmés, elle l'appela tout bas.

Il n'eut pas le temps de répondre, car déjà la femme changeait; des couleurs flamboyantes passaient dans ses prunelles; ses lèvres se teignaient du rouge furieux des Anthurium, les boutons de ses seins éclataient, vernis tels que deux gousses de piment rouge.

Une soudaine intuition lui vint: c'est la Fleur, se dit-il; et la manie raisonnante persista dans le cauchemar, dériva de même que pendant la journée de la végétation sur le Virus.

Alors il observa l'effrayante irritation. des seins et de la bouche, découvrit sur la peau du corps des macules de bistre et de cuivre, recula, égaré, mais l'oeil de la femme le fascinait et il avançait lentement, essayant de s'enfoncer les talons dans la terre pour ne pas marcher, se laissant choir, se relevant quand même pour aller vers elle; il la touchait presque lorsque de noirs Amorphophallus jaillirent de toutes parts, s'élancèrent vers ce ventre qui se soulevait et s'abaissait comme une mer. Il les avait écartés, repoussés, éprouvant un dégoût sans borne à voir grouiller entre ses doigts ces tiges tièdes et fermes; puis subitement, les odieuses plantes avaient disparu et deux bras cherchaient à l'enlacer; une épouvantable angoisse lui fit sonner le coeur à grands coups, car les yeux, les affreux yeux de la femme étaient devenus d'un bleu clair et froid, terribles. Il fit un effort surhumain pour se dégager de ses étreintes, mais d'un geste irrésistible, elle le retint, le saisit et, hagard, il vit s'épanouir sous les cuisses à l'air, le farouche Nidularium qui bâillait, en saignant, dans des lames de sabre.

Il frôlait avec son corps la blessure hideuse de cette plante; il se sentit mourir, s'éveilla dans un sursaut, suffoqué, glacé, fou de peur, soupirant: - Ah! ce n'est, Dieu merci, qu'un rêve.

Chapitre 9

Ces cauchemars se renouvelèrent; il craignit de s'endormir. Il resta, étendu sur son lit, des heures entières, tantôt dans de persistantes insomnies et de fiévreuses agitations, tantôt dans d'abominables rêves que rompaient des sursauts d'homme perdant pied, dégringolant du haut en bas d'un escalier, dévalant, sans pouvoir se retenir, au fond d'un gouffre.

La névrose engourdie, durant quelques jours, reprenait le dessus, se révélait plus véhémente et plus têtue, sous de nouvelles formes.

Maintenant les couvertures le gênaient; il étouffait sous les draps et il avait des fourmillements par tout le corps, des cuissons de sang, des piqûres de puces le long des jambes, à ces symptômes, se joignirent bientôt une douleur sourde dans les maxillaires et la sensation qu'un étau lui comprimait les tempes.

Ses inquiétudes s'accrurent; malheureusement les moyens de dompter l'inexorable maladie manquèrent. Il avait sans succès tenté d'installer des appareils hydrothérapiques dans son cabinet de toilette.

L'impossibilité de faire monter l'eau à la hauteur où sa maison était perchée, la difficulté même de se procurer de l'eau, en quantité suffisante, dans un village où les fontaines ne fonctionnent parcimonieusement qu'à certaines heures l'arrêtèrent; ne pouvant être sabré par des jets de lance qui plaqués, écrasés sur les anneaux de la colonne vertébrale, étaient seuls assez puissants pour mater l'insomnie et ramener le calme, il fut réduit aux courtes aspersions dans sa baignoire ou dans son tub, aux simples affusions froides, suivies d'énergiques frictions pratiquées, à l'aide du gant de crin, par son domestique.

Mais ces simili-douches n'enrayaient nullement la marche de la névrose; tout au plus éprouvait-il un soulagement de quelques heures, chèrement payé du reste par le retour des accès qui revenaient à la charge, plus violents et plus vifs.

Son ennui devint sans borne; la joie de posséder de mirobolantes floraisons était tarie; il était déjà blasé sur leur contexture et sur leurs nuances; puis malgré les soins dont il les entoura, la plupart de ses plantes dépérirent; il les fit enlever de ses pièces et, arrivé à un état d'excitabilité extrême, il s'irrita de ne plus les voir, l'oeil blessé par le vide des places qu'elles occupaient.

Pour se distraire et tuer les interminables heures, il recourut à ses cartons d'estampes et rangea ses Goya; les premiers états de certaines planches des Caprices, des épreuves reconnaissables à leur ton rougeâtre, jadis achetées dans les ventes à prix d'or, le déridèrent et il s'abîma en elles, suivant les fantaisies du peintre, épris de ses scènes vertigineuses, de ses sorcières chevauchant des chats, de ses femmes s'efforçant d'arracher les dents d'un pendu, de ses bandits, de ses succubes, de ses démons et de ses nains.

Puis, il parcourut toutes les autres séries de ses eaux-fortes et de ses aquatintes, ses Proverbes d'une horreur si macabre, ses sujets de guerre d'une rage si féroce, sa planche du Garrot enfin, dont il choyait une merveilleuse épreuve d'essai, imprimée sur papier épais, non collé, aux visibles pontuseaux traversant la pâte.

La verve sauvage, le talent âpre, éperdu de Goya le captait; mais l'universelle admiration que ses oeuvres avaient conquise, le détournait néanmoins un peu, et il avait renoncé, depuis des années, à les encadrer, de peur qu'en les mettant en évidence, le premier imbécile venu ne jugeât nécessaire de lâcher des âneries et de s'extasier, sur un mode tout appris, devant elles.

Il en était de même de ses Rembrandt qu'il examinait, de temps à autre, à la dérobée; et, en effet, si le plus bel air du monde devient vulgaire, insupportable, dès que le public le fredonne, dès que les orgues s'en emparent, l'oeuvre d'art qui ne demeure pas indifférente aux faux artistes, qui n'est point contestée par les sots, qui ne se contente pas de susciter l'enthousiasme de quelques-uns, devient, elle aussi, par cela même, pour les initiés, polluée, banale, presque repoussante.

Cette promiscuité dans l'admiration était d'ailleurs l'un des plus grands chagrins de sa vie; d'incompréhensibles succès lui avaient, à jamais gâté des tableaux et des livres jadis chers; devant l'approbation des suffrages, il finissait par leur découvrir d'imperceptibles tares, et il les rejetait, se demandant si son flair ne s'épointait pas, ne se dupait point.

Il referma ses cartons et, une fois de plus, il tomba, désorienté, dans le spleen. Afin de changer le cours de ses idées, il essaya des lectures émollientes, tenta, en vue de se réfrigérer le cerveau, des solanées de l'art, lut ces livres si charmants pour les convalescents et les mal-à-l'aise que des oeuvres plus tétaniques ou plus riches en phosphates fatigueraient, les romans de Dickens.

Mais ces volumes produisirent un effet contraire à celui qu'il attendait: ces chastes amoureux, ces héroïnes protestantes, vêtues jusqu'au cou, s'aimaient parmi les étoiles, se bornaient à baisser les yeux, à rougir, à pleurer de bonheur, en se serrant les mains. Aussitôt cette exagération de pureté le lança dans un excès opposé; en vertu de la loi des contrastes, il sauta d'un extrême à l'autre, se rappela des scènes vibrantes et corsées, songea aux pratiques humaines des couples, aux baisers mélangés, aux baisers colombins, ainsi que les désigne la pudeur ecclésiastique, quand ils pénètrent entre les lèvres.

Il interrompit sa lecture, rumina loin de la bégueule Angleterre, sur les peccadilles libertines, sur les salaces apprêts que l'église désapprouve; une commotion le frappa; l'anaphrodisie de sa cervelle et de son corps qu'il avait crue définitive, se dissipa; la solitude agit encore sur le détraquement de ses nerfs; il fut une fois de plus obsédé non par la religion même, mais par la malice des actes et des péchés qu'elle condamne; l'habituel sujet de ses obsécrations et de ses menaces le tint seul; le côté charnel, insensible depuis des mois, remué tout d'abord, par l'énervement des lectures pieuses, puis réveillé, mis debout, dans une crise de névrose, par le cant anglais; se dressa et la stimulation de ses sens le reportant en arrière, il pataugea dans le souvenir de ses vieux cloaques.

Il se leva et, mélancoliquement, ouvrit une petite boîte de vermeil au couvercle semé d'aventurines.

Elle était pleine de bonbons violets; il en prit un, et il le palpa entre ses doigts, pensant aux étranges propriétés de ce bonbon praliné, comme givré de sucre; jadis, alors que son impuissance était acquise, alors aussi qu'il songeait, sans aigreur, sans regrets, sans nouveaux désirs, à la femme, il déposait l'un de ces bonbons sur sa langue, le laissait fondre et soudain, se levaient avec une douceur infinie, des rappels très effacés, très languissants des anciennes paillardises.

Ces bonbons inventés par Siraudin et désignés sous la ridicule appellation de "Perles des Pyrénées" étaient une goutte de parfum de sarcanthus, une goutte d'essence féminine, cristallisée dans un morceau de sucre; ils pénétraient les papilles de la bouche, évoquaient des souvenances d'eau opalisée par des vinaigres rares, de baisers très profonds tout imbibés d'odeurs.

D'habitude, il souriait, humant cet arôme amoureux, cette ombre de caresses qui lui mettait un coin de nudité dans la cervelle et ranimait, pour une seconde, le goût naguère adoré de certaines femmes; aujourd'hui, ils n'agissaient plus en sourdine, ne se bornaient plus à raviver l'image de désordres lointains et confus; ils déchiraient, au contraire, les voiles, jetaient devant ses yeux la réalité corporelle, pressante et brutale.

En tête du défilé des maîtresses que la saveur de ce bonbon aidait à dessiner en des traits certains, l'une s'arrêta, montrant des dents longues et blanches, une peau satinée, toute rose, un nez taillé en biseau, des yeux de souris, des cheveux coupés à la chien et blonds.

C'était miss Urania, une Américaine, au corps bien découplé, aux jambes nerveuses, aux muscles d'acier, aux bras de fonte.

Elle avait été l'une des acrobates les plus renommées du Cirque. Des Esseintes l'avait, durant de longues soirées, attentivement suivie; les premières fois, elle lui était apparue telle qu'elle était, c'est-à-dire solide et belle, mais le désir de l'approcher ne l'étreignit point; elle n'avait rien qui la recommandât à la convoitise d'un blasé, et cependant il retourna au Cirque alléché par il ne savait quoi, poussé par un sentiment difficile à définir.

Peu à peu, en même temps qu'il l'observait, de singulières conceptions naquirent; à mesure qu'il admirait sa souplesse et sa force, il voyait un artificiel changement de sexe se produire en elle; ses singeries gracieuses, ses mièvreries de femelle s'effaçaient de plus en plus, tandis que se développaient, à leur place, les charmes agiles et puissants d'un mâle; en un mot, après avoir tout d'abord été femme, puis, après avoir hésité, après avoir avoisiné l'androgyne, elle semblait se résoudre, se préciser, devenir complètement un homme.

Alors, de même qu'un robuste gaillard s'éprend d'une fille grêle, cette clownesse doit aimer, par tendance, une créature faible, ployée, pareille à moi, sans souffle, se dit des Esseintes, à se regarder, à laisser agir l'esprit de comparaison, il en vint à éprouver, de son côté, l'impression que lui-même se féminisait, et il envia décidément la possession de cette femme, aspirant ainsi qu'une fillette chlorotique, après le grossier hercule dont les bras la peuvent broyer dans une étreinte.

Cet échange de sexe entre miss Urania et lui, l'avait exalté; nous sommes voués l'un à l'autre, assurait-il; à cette subite admiration de la force brutale jusqu'alors exécrée, se joignit enfin l'exorbitant attrait de la boue, de la basse prostitution heureuse de payer cher les tendresses malotrues d'un souteneur.

En attendant qu'il se décidât à séduire l'acrobate, à entrer, si faire se pouvait, dans la réalité même, il confirmait ses rêves, en posant la série de ses propres pensées sur les lèvres inconscientes de la femme, en relisant ses intentions qu'il plaçait dans le sourire immuable et fixe de l'histrionne tournant sur son trapèze.

Un beau soir, il se résolut à dépêcher les ouvreuses. Miss Urania crut nécessaire de ne point céder, sans une préalable cour; néanmoins elle se montra peu farouche, sachant par les ouï-dire, que des Esseintes était riche et que son nom aidait à lancer les femmes.

Mais aussitôt que ses voeux furent exaucés, son désappointement dépassa le possible. Il s'était imaginé l'Américaine, stupide et bestiale comme un lutteur de foire, et sa bêtise était malheureusement toute féminine. Certes, elle manquait d'éducation et de tact, n'avait ni bon sens ni esprit, et elle témoignait d'une ardeur animale, à table, mais tous les sentiments enfantins de la femme subsistaient en elle; elle possédait le caquet et la coquetterie des filles entichées de balivernes; la transmutation des idées masculines dans son corps de femme n'existait pas.

Avec cela, elle avait une retenue puritaine, au lit et aucune de ces brutalités d'athlète qu'il souhaitait tout en les craignant; elle n'était pas sujette comme il en avait, un moment, conçu l'espoir, aux perturbations de son sexe. En sondant bien le vide de ses convoitises, peut-être eût-il cependant aperçu un penchant vers un être délicat et fluet, vers un tempérament absolument contraire au sien, mais alors il eût découvert une préférence non pour une fillette, mais pour un joyeux gringalet, pour un cocasse et maigre clown.

Fatalement, des Esseintes rentra dans son rôle d'homme momentanément oublié; ses impressions de féminité, de faiblesse, de quasi-protection achetée, de peur même, disparurent; l'illusion n'était plus possible; miss Urania était une maîtresse ordinaire, ne justifiant en aucune façon, la curiosité cérébrale qu'elle avait fait naître.

Bien que le charme de sa chair fraîche, de sa beauté magnifique, eût d'abord étonné et retenu des Esseintes, il chercha promptement à esquiver cette liaison, précipita la rupture, car sa précoce impuissance augmentait encore devant les glaciales tendresses, devant les prudes laisser-aller de cette femme.

Et pourtant elle était la première à s'arrêter devant lui, dans le passage ininterrompu de ces luxures; mais, au fond, si elle s'était plus énergiquement empreinte dans sa mémoire qu'une foule d'autres dont les appâts avaient été moins fallacieux et les plaisirs moins limités, cela tenait à sa senteur de bête bien portante et saine; la redondance de sa santé était l'antipode même de cette anémie, travaillée aux parfums, dont il retrouvait un fin relent dans le délicat bonbon de Siraudin.

Ainsi qu'une odorante antithèse, miss Urania s'imposait fatalement à son souvenir, mais presque aussitôt des Esseintes, heurté par cet imprévu d'un arôme naturel et brut, retournait aux exhalaisons civilisées, et inévitablement il songeait à ses autres maîtresses; elles se pressaient, en troupeau, dans sa cervelle, mais par-dessus toutes s'exhaussait maintenant la femme dont la monstruosité l'avait tant satisfait pendant des mois.

Celle-là était une petite et sèche brune, aux yeux noirs, aux cheveux pommadés, plaqués sur la tête, comme avec un pinceau, séparés par une raie de garçon, près d'une tempe. Il l'avait connue dans un café-concert, où elle donnait des représentations de ventriloque

À la stupeur d'une foule que ces exercices mettaient mal à l'aise, elle faisait parler, à tour de rôle, des enfants en carton, rangés en flûte de pan, sur des chaises; elle conversait avec des mannequins presque vivants et, dans la salle même, des mouches bourdonnaient autour des lustres et l'on entendait bruire le silencieux public qui s'étonnait d'être assis et se reculait instinctivement dans ses stalles, alors que le roulement d'imaginaires voitures le frôlait, en passant, de l'entrée jusqu'à la scène.

Des Esseintes avait été fasciné; une masse d'idées germa en lui; tout d'abord il s'empressa de réduire, à coups de billets de banque, la ventriloque qui lui plut par le contraste même qu'elle opposait avec l'Américaine. Cette brunette suintait des parfums préparés, malsains et capiteux, et elle brûlait comme un cratère; en dépit de tous ses subterfuges, des Esseintes s'épuisa en quelques heures; il n'en persista pas moins à se laisser complaisamment gruger par elle, car plus que la maîtresse, le phénomène l'attirait.

D'ailleurs les plans qu'il s'était proposés, avaient mûri. Il se résolut à accomplir des projets jusqu'alors irréalisables.

Il fit apporter, un soir, un petit sphinx, en marbre noir, couché dans la pose classique, les pattes allongées, la tête rigide et droite; et une chimère, en terre polychrome, brandissant une crinière hérissée, dardant des yeux féroces, éventant avec les sillons de sa queue ses flancs gonflés ainsi que des soufflets de forge. Il plaça chacune de ces bêtes à un bout de la chambre, éteignit les lampes, laissant les braises rougeoyer dans l'âtre et éclairer vaguement la pièce en agrandissant les objets presque noyés dans l'ombre.

Puis, il s'étendit sur un canapé, près de la femme dont l'immobile figure était atteinte par la lueur d'un tison, et il attendit.

Avec des intonations étranges qu'il lui avait fait longuement et patiemment répéter à l'avance, elle anima, sans même remuer les lèvres, sans même les regarder, les deux monstres.

Et dans le silence de la nuit, l'admirable dialogue de la Chimère et du Sphinx commença, récité par des voix gutturales et profondes, rauques, puis aiguës, comme surhumaines.

"- Ici, Chimère, arrête-toi.

"- Non; jamais."

Bercé par l'admirable prose de Flaubert, il écoutait, pantelant, le terrible duo et des frissons le parcoururent, de la nuque aux pieds, quand la Chimère proféra la solennelle et magique phrase:

"Je cherche des parfums nouveaux, des fleurs plus larges, des plaisirs inéprouvés."

Ah! c'était à lui-même que cette voix aussi mystérieuse qu'une incantation, parlait; c'était à lui qu'elle racontait sa fièvre d'inconnu, son idéal inassouvi, son besoin d'échapper à l'horrible réalité de l'existence, à franchir les confins de la pensée, à tâtonner sans jamais arriver à une certitude, dans les brumes des au-delà de l'art! - Toute la misère de ses propres efforts lui refoula le coeur. Doucement, il étreignait la femme silencieuse, à ses côtés, se réfugiant, ainsi qu'un enfant inconsolé, près d'elle, ne voyant même pas l'air maussade de la comédienne obligée à jouer une scène, à exercer son métier, chez elle, aux instants du repos, loin de la rampe.

Leur liaison continua, mais bientôt les défaillances de des Esseintes s'aggravèrent; l'effervescence de sa cervelle ne fondait plus les glaces de son corps: les nerfs n'obéissaient plus à la volonté; les folies passionnelles des vieillards le dominèrent. Se sentant devenir de plus en plus indécis près de cette maîtresse, il recourut à l'adjuvant le plus efficace des vieux et inconstants prurits, à la peur.

Pendant qu'il tenait la femme entre ses bras, une voix de rogomme éclatait derrière la porte: "Ouvriras-tu? je sais bien que t'es avec un miché, attends, attends un peu, salope!" - Aussitôt, de même que ces libertins excités par la terreur d'être pris en flagrant délit, à l'air, sur les berges, dans le Jardin des Tuileries, dans un rambuteau ou sur un banc, il retrouvait passagèrement ses forces, se précipitait sur la ventriloque dont la voix continuait à tapager hors de la pièce, et il éprouvait des allégresses inouïes, dans cette bousculade, dans cette panique de l'homme courant un danger, interrompu, pressé dans son ordure.

Malheureusement, ces séances furent de durée brève; malgré les prix exagérés qu'il lui paya, la ventriloque le congédia et, le soir même, s'offrit à un gaillard dont les exigences étaient moins compliquées et les reins plus sûrs.

Celle-là, il l'avait regrettée et, au souvenir de ses artifices, les autres femmes lui parurent dénuées de saveur; les grâces pourries de l'enfance lui semblèrent même fades; son mépris pour leurs monotones grimaces devint tel qu'il ne pouvait plus se résoudre à les subir.

Remâchant son dégoût, seul, un jour qu'il se promenait sur l'avenue de Latour-Maubourg, il fut abordé, près des Invalides, par un tout jeune homme qui le pria de lui indiquer la voie la plus courte pour se rendre à la rue de Babylone. Des Esseintes lui désigna son chemin et, comme il traversait aussi l'esplanade, ils firent route ensemble.

La voix du jeune homme insistant, d'une façon inopinée, afin d'être plus amplement renseigné, disant:

- Alors vous croyez qu'en prenant à gauche, ce serait plus long; l'on m'avait pourtant affirmé qu'en obliquant par l'avenue, j'arriverais plus tôt, - était, tout à la fois, suppliante et timide, très basse et douce.

Des Esseintes le regarda. Il paraissait échappé du collège, était pauvrement vêtu d'un petit veston de cheviote lui étreignant les hanches, dépassant à peine la chute des reins, d'une culotte noire, collante, d'un col rabattu, échancré sur une cravate bouffante bleu foncé, à vermicelles blancs, forme La Vallière. Il tenait à la main un livre de classe cartonné, et il était coiffé d'un melon brun, à bords plats.

La figure était troublante; pâle et tirée, assez régulière sous les longs cheveux noirs, elle était éclairée par de grands yeux humides, aux paupières cernées de bleu, rapprochés du nez que pointillaient d'or quelques rousseurs et sous lequel s'ouvrait une bouche petite, mais bordée de grosses lèvres, coupées, au milieu, d'une raie ainsi qu'une cerise.

Ils se dévisagèrent, pendant un instant, en face, puis le jeune homme baissa les yeux et se rapprocha; son bras frôla bientôt celui de des Esseintes qui ralentit le pas, considérant, songeur, la marche balancée de ce jeune homme.

Et du hasard de cette rencontre, était née une défiante amitié qui se prolongea durant des mois; des Esseintes n'y pensait plus sans frémir; jamais il n'avait supporté un plus attirant et un plus impérieux fermage; jamais il n'avait connu des périls pareils, jamais aussi il ne s'était senti plus douloureusement satisfait.

Parmi les rappels qui l'assiégeaient, dans sa solitude, celui de ce réciproque attachement dominait les autres. Toute la levure d'égarement que peut détenir un cerveau surexcité par la névrose, fermentait, et, à se complaire ainsi dans ces souvenirs, dans cette délectation morose, comme la théologie appelle cette récurrence des vieux opprobres, il mêlait aux visions physiques des ardeurs spirituelles cinglées par l'ancienne lecture des casuistes, des Busembaum et des Diana, des Liguori et des Sanchez, traitant des péchés contre le 6e et le 9e commandement du Décalogue.

En faisant naître un idéal extrahumain dans cette âme qu'elle avait baignée et qu'une hérédité datant du règne de Henri III prédisposait peut-être, la religion avait aussi remué l'illégitime idéal des voluptés; des obsessions libertines et mystiques hantaient, en se confondant, son cerveau altéré d'un opiniâtre désir d'échapper aux vulgarités du monde, de s'abîmer, loin des usages vénérés, dans d'originales extases, dans des crises célestes ou maudites, également écrasantes par les déperditions de phosphore qu'elles entraînent.

Actuellement, il sortait de ces rêveries, anéanti, brisé, presque moribond, et il allumait aussitôt les bougies et les lampes, s'inondant de clarté, croyant entendre ainsi, moins distinctement que dans l'ombre, le bruit sourd, persistant, intolérable, des artères qui lui battaient, à coups redoublés, sous la peau du cou.

Chapitre 10

Pendant cette singulière maladie qui ravage les races à bout de sang, de soudaines accalmies succèdent aux crises; sans qu'il pût s'expliquer pourquoi, des Esseintes se réveilla tout valide, un beau matin; plus de toux déracinante, plus de coins enfoncés à coups de maillet dans la nuque, mais une sensation ineffable de bien-être, une légèreté de cervelle dont les pensées s'éclaircissaient et, d'opaques et glauques, devenaient fluides et irisées, de même que des bulles de savon de nuances tendres.

Cet état dura quelques jours, puis subitement, une après-midi, les hallucinations de l'odorat se montrèrent.

Sa chambre embauma la frangipane, il vérifia si un flacon ne traînait pas, débouché; il n'y avait point de flacon dans la pièce; il passa dans son cabinet de travail, dans la salle à manger: l'odeur persista.

Il sonna son domestique: - Vous ne sentez rien, dit-il? L'autre renifla une prise d'air et déclara ne respirer aucune fleur: le doute ne pouvait exister; la névrose revenait, une fois de plus, sous l'apparence d'une nouvelle illusion des sens.

Fatigué par la ténacité de cet imaginaire arôme, il résolut de se plonger dans des parfums véritables, espérant que cette homéopathie nasale le guérirait ou du moins qu'elle retarderait la poursuite de l'importune frangipane.

Il se rendit dans son cabinet de toilette. Là, près d'un ancien baptistère qui lui servait de cuvette, sous une longue glace en fer forgé, emprisonnant ainsi que d'une margelle argentée de lune, l'eau verte et comme morte du miroir, des bouteilles de toute grandeur, de toute forme, s'étageaient sur des rayons d'ivoire.

Il les plaça sur une table et les divisa en deux séries: celle des parfums simples, c'est-à-dire des extraits ou des esprits, et celle des parfums composés, désignés sous le terme générique de bouquets.

Il s'enfonça dans un fauteuil et se recueillit.

Il était, depuis des années, habile dans la science du flair; il pensait que l'odorat pouvait éprouver des jouissances égales à celles de l'ouïe et de la vue, chaque sens étant susceptible, par suite d'une disposition naturelle et d'une érudite culture, de percevoir des impressions nouvelles, de les décupler, de les coordonner, d'en composer ce tout qui constitue une oeuvre; et il n'était pas, en somme, plus anormal qu'un art existât, en dégageant d'odorants fluides, que d'autres, en détachant des ondes sonores, ou en frappant de rayons diversement colorés la rétine d'un oeil; seulement, si personne ne peut discerner, sans une intuition particulière développée par l'étude, une peinture de grand maître d'une croûte, un air de Beethoven d'un air de Clapisson, personne, non plus, ne peut, sans une initiation préalable, ne point confondre, au premier abord, un bouquet créé par un sincère artiste, avec un pot-pourri fabriqué par un industriel, pour la vente des épiceries et des bazars.

Dans cet art des parfums, un côté l'avait, entre tous, séduit, celui de la précision factice.

Presque jamais, en effet, les parfums ne sont issus des fleurs dont ils portent le nom; l'artiste qui oserait emprunter à la seule nature ses éléments, ne produirait qu'une oeuvre bâtarde, sans vérité, sans style, attendu que l'essence obtenue par la distillation des fleurs ne saurait offrir qu'une très lointaine et très vulgaire analogie avec l'arôme même de la fleur vivante, épandant ses effluves, en pleine terre.

Aussi, à l'exception de l'inimitable jasmin, qui n'accepte aucune contrefaçon, aucune similitude, qui repousse jusqu'aux à peu près, toutes les fleurs sont exactement représentées par des alliances d'alcoolats et d'esprits, dérobant au modèle sa personnalité même et y ajoutant ce rien, ce ton en plus, ce fumet capiteux, cette touche rare qui qualifie une oeuvre d'art.

En résumé, dans la parfumerie, l'artiste achève l'odeur initiale de la nature dont il taille la senteur, et il la monte ainsi qu'un joaillier épure l'eau d'une pierre et la fait valoir.

Peu à peu, les arcanes de cet art, le plus négligé de tous, s'étaient ouverts devant des Esseintes qui déchiffrait maintenant cette langue, variée, aussi insinuante que celle de la littérature, ce style d'une concision inouïe, sous son apparence flottante et vague.

Pour cela, il lui avait d'abord fallu travailler la grammaire, comprendre la syntaxe des odeurs, se bien pénétrer des règles qui les régissent, et, une fois familiarisé avec ce dialecte, comparer les oeuvres des maîtres, des Atkinson et des Lubin, des Chardin et des Violet, des Legrand et des Piesse, désassembler la construction de leurs phrases, peser la proportion de leurs mots et l'arrangement de leurs périodes.

Puis, dans cet idiome des fluides, l'expérience devait appuyer les théories trop souvent incomplètes et banales.

La parfumerie classique était, en effet, peu diversifiée, presque incolore, uniformément coulée dans une matrice fondue par d'anciens chimistes; elle radotait, confinée en ses vieux alambics, lorsque la période romantique était éclose et l'avait, elle aussi, modifiée, rendue plus jeune, plus malléable et plus souple.

Son histoire suivait, pas à pas, celle de notre langue. Le style parfumé Louis XIII, composé des éléments chers à cette époque, de la poudre d'iris, du musc, de la civette, de l'eau de myrte; déjà désignée sous le nom d'eau des anges, était à peine suffisant pour exprimer les grâces cavalières, les teintes un peu crues du temps, que nous ont conservées certains des sonnets de Saint-Amand. Plus tard, avec la myrrhe, l'oliban, les senteurs mystiques, puissantes et austères, l'allure pompeuse du grand siècle, les artifices redondants de l'art oratoire, le style large, soutenu, nombreux, de Bossuet et des maîtres de la chaire, furent presque possibles; plus tard encore, les grâces fatiguées et savantes de la société française sous Louis XV, trouvèrent plus facilement leur interprète dans la frangipane et la maréchale qui donnèrent en quelque sorte la synthèse même de cette époque; puis, après l'ennui et l'incuriosité du premier Empire, qui abusa des eaux de Cologne et des préparations au romarin, la parfumerie se jeta, derrière Victor Hugo et Gautier, vers les pays du soleil; elle créa des orientales, des selam fulgurants d'épices, découvrit des intonations nouvelles, des antithèses jusqu'alors inosées, tria et reprit d'anciennes nuances qu'elle compliqua, qu'elle subtilisa, qu'elle assortit elle rejeta résolument enfin, cette volontaire décrépitude à laquelle l'avaient réduite les Malesherbes, les Boileau, les Andrieux, les Baour-Lormian, les bas distillateurs de ses poèmes.

Mais cette langue n'était pas demeurée, depuis la période de 1830, stationnaire. Elle avait encore évolué, et, se modelant sur la marche du siècle, elle s'était avancée parallèlement avec les autres arts, s'était, elle aussi, pliée aux voeux des amateurs et des artistes, se lançant sur le Chinois et le Japonais, imaginant des albums odorants, imitant les bouquets de fleurs de Takéoka, obtenant par des alliances de lavande et de girofle, l'odeur du Rondéletia; par un mariage de patchouli et de camphre, l'arôme singulier de l'encre de Chine; par des composés de citron, de girofle et de néroli, l'émanation de l'Hovénia du Japon.

Des Esseintes étudiait, analysait l'âme de ces fluides, faisait l'exégèse de ces textes; il se complaisait à jouer pour sa satisfaction personnelle, le rôle d'un psychologue, à démonter et à remonter les rouages d'une oeuvre, à dévisser les pièces formant la structure d'une exhalaison composée, et, dans cet exercice, son odorat était parvenu à la sûreté d'une touche presque impeccable.

De même qu'un marchand de vins reconnaît le cru dont il hume une goutte; qu'un vendeur de houblon, dès qu'il flaire un sac, détermine aussitôt sa valeur exacte; qu'un négociant chinois peut immédiatement révéler l'origine des thés qu'il sent, dire dans quelles fermes des monts Bohées, dans quels couvents bouddhiques, il a été cultivé, l'époque où ses feuilles ont été cueillies, préciser le degré de torréfaction, l'influence qu'il a subie dans le voisinage de la fleur de prunier, de l'Aglaia, de l'Olea fragrans, de tous ces parfums qui servent à modifier sa nature, à y ajouter un rehaut inattendu, à introduire dans son fumet un peu sec un relent de fleurs lointaines et fraîches; de même aussi des Esseintes pouvait en respirant un soupçon d'odeur, vous raconter aussitôt les doses de son mélange, expliquer la psychologie de sa mixture, presque citer le nom de l'artiste qui l'avait écrit et lui avait imprimé la marque personnelle de son style.

Il va de soi qu'il possédait la collection de tous les produits employés par les parfumeurs; il avait même du véritable baume de La Mecque, ce baume si rare qui ne se récolte que dans certaines parties de l'Arabie Pétrée et dont le monopole appartient au Grand Seigneur.

Assis maintenant, dans son cabinet de toilette, devant sa table, il songeait à créer un nouveau bouquet et il était pris de ce moment d'hésitation bien connu des écrivains, qui, après des mois de repos, s'apprêtent à recommencer une nouvelle oeuvre.

Ainsi que Balzac que hantait l'impérieux besoin de noircir beaucoup de papier pour se mettre en train, des Esseintes reconnut la nécessité de se refaire auparavant la main par quelques travaux sans importance; voulant fabriquer de héliotrope, il soupesa des flacons d'amande et de vanille, puis il changea d'idée et se résolut à aborder le pois de senteur.

Les expressions, les procédés lui échappaient; il tâtonna; en somme, dans la fragrance de cette fleur, l'oranger domine: il tenta de plusieurs combinaisons et il finit par atteindre le ton juste, en joignant à l'oranger de la tubéreuse et de la rose qu'il lia par une goutte de vanille.

Les incertitudes se dissipèrent; une petite fièvre l'agita, il fut prêt au travail, il composa encore du thé en mélangeant de la cassie et de l'iris, puis, sûr de lui il se détermina à marcher de l'avant, à plaquer une phrase fulminante dont le hautain fracas effondrerait le chuchotement de cette astucieuse frangipane qui se faufilait encore dans sa pièce.

Il mania l'ambre, le musc-tonkin, aux éclats terribles, le patchouli, le plus âcre des parfums végétaux et dont la fleur, à l'état brut, dégage un remugle de moisi et de rouille. Quoi qu'il fît, la hantise du XVIIIe siècle l'obséda; les robes à paniers, les falbalas tournèrent devant ses yeux; des souvenirs des "Vénus" de Boucher, tout en chair, sans os, bourrées de coton rose, s'installèrent sur ses murs des rappels du roman de Thémidore, de l'exquise Rosette retroussée dans un désespoir couleur feu, le poursuivirent. Furieux, il se leva et, afin de se libérer, il renifla, de toutes ses forces, cette pure essence de spikanard, si chère aux Orientaux et si désagréable aux Européens, à cause de son relent trop prononcé de valériane. Il demeura étourdi sous la violence de ce choc; comme pilées par un coup de marteau, les filigranes de la délicate odeur disparurent; il profita de ce temps de répit pour échapper aux siècles défunts, aux vapeurs surannées, pour entrer, ainsi qu'il le faisait jadis, dans des oeuvres moins restreintes ou plus neuves.

Il avait autrefois aimé à se bercer d'accords en parfumerie; il usait d'effets analogues à ceux des poètes, employait, en quelque sorte, l'admirable ordonnance de certaines pièces de Baudelaire, telles que "l'Irréparable" et "le Balcon", où le dernier des cinq vers qui composent la strophe est l'écho du premier et revient, ainsi qu'un refrain, noyer l'âme dans des infinis de mélancolie et de langueur.

Il s'égarait dans les songes qu'évoquaient pour lui ces stances aromatiques, ramené soudain à son point de départ, au motif de sa méditation, par le retour du thème initial, reparaissant, à des intervalles ménagés, dans l'odorante orchestration du poème.

Actuellement, il voulut vagabonder dans un surprenant et variable paysage, et il débuta par une phrase, sonore, ample, ouvrant tout d'un coup une échappée de campagne immense.

Avec ses vaporisateurs, il injecta dans la pièce une essence formée d'ambroisie, de lavande de Mitcham, de pois de senteur, de bouquet, une essence qui, lorsqu'elle est distillée par un artiste, mérite le nom qu'on lui décerne, "d'extrait de pré fleuri"; puis dans ce pré, il introduisit une précise fusion de tubéreuse, de fleur d'oranger et d'amande, et aussitôt d'artificiels lilas naquirent, tandis que des tilleuls s'éventèrent, rabattant sur le sol leurs pâles émanations que simulait l'extrait du tilia de Londres.

Ce décor posé en quelques grandes lignes, fuyant à perte de vue sous ses yeux fermés, il insuffla une légère pluie d'essences humaines et quasi félines, sentant la jupe, annonçant la femme poudrée et fardée, le stéphanotis, l'ayapana, l'opoponax, le chypre, le champaka, le sarcanthus, sur lesquels il juxtaposa un soupçon de seringa, afin de donner dans la vie factice du maquillage qu'ils dégageaient, un fleur naturel de rires en sueur, de joies qui se démènent au plein soleil.

Ensuite il laissa, par un ventilateur, s'échapper ces ondes odorantes, conservant seulement la campagne qu'il renouvela et dont il força la dose pour l'obliger à revenir ainsi qu'une ritournelle dans ses strophes.

Les femmes s'étaient peu à peu évanouies; la campagne était devenue déserte; alors, sur l'horizon enchanté, des usines se dressèrent, dont les formidables cheminées brûlaient, à leurs sommets, comme des bols de punch.

Un souffle de fabriques, de produits chimiques, passait maintenant dans la brise qu'il soulevait avec des éventails, et la nature exhalait encore, dans cette purulence de l'air, ses doux effluves.

Des Esseintes maniait, échauffait entre ses doigts, une boulette de styrax, et une très bizarre odeur montait dans la pièce, une odeur tout à la fois répugnante et exquise, tenant de la délicieuse senteur de la jonquille et de l'immonde puanteur de la gutta-percha et de l'huile de houille. Il se désinfecta les mains, inséra en une boîte hermétiquement close, sa résine, et les fabriques disparurent à leur tour. Alors, il darda parmi les vapeurs ravivées des tilleuls et des prés, quelques gouttes de new mown hay et, au milieu du site magique momentanément dépouillé de ses lilas, des gerbes de foin s'élevèrent, amenant une saison nouvelle, épandant leur fine affluence dans l'été de ces senteurs.

Enfin, quand il eut assez savouré ce spectacle, il dispersa précipitamment des parfums exotiques, épuisa ses vaporisateurs, accéléra ses esprits concentrés, lâcha bride à tous ses baumes, et, dans la touffeur exaspérée de la pièce, éclata une nature démente et sublimée, forçant ses haleines, chargeant d'alcoolats en délire une artificielle brise, une nature pas vraie et charmante, toute paradoxale, réunissant les piments des tropiques, les souffles poivrés du santal de la Chine et de l'hediosmia de la Jamaïque, aux odeurs françaises du jasmin, de l'aubépine et de la verveine, poussant, en dépit des saisons et des climats, des arbres d'essences diverses, des fleurs aux couleurs et aux fragrances les plus opposées, créant par la fonte et le heurt de tous ces tons, un parfum général, innommé, imprévu, étrange, dans lequel reparaissait, comme un obstiné refrain, la phrase décorative du commencement, l'odeur du grand pré, éventé par les lilas et les tilleuls.

Tout à coup une douleur aiguë le perça; il lui sembla qu'un vilebrequin lui forait les tempes. Il ouvrit les yeux, se retrouva au milieu de son cabinet de toilette, assis devant sa table; péniblement, il marcha, abasourdi, vers la croisée qu'il entrebâilla. Une bouffée d'air rasséréna l'étouffante atmosphère qui l'enveloppait; il se promena, de long en large, pour raffermir ses jambes, alla et vint, regardant le plafond où des crabes et des algues poudrées de sel, s'enlevaient en relief sur un fond grenu aussi blond que le sable d'une plage; un décor pareil revêtait les plinthes, bordant les cloisons tapissées de crêpe Japonais vert d'eau, un peu chiffonné, simulant le friselis d'une rivière que le vent ride et, dans ce léger courant, nageait le pétale d'une rose autour duquel tournoyait une nuée de petits poissons dessinés en deux traits d'encre.

Mais ses paupières demeuraient lourdes; il cessa d'arpenter le court espace compris entre le baptistère et la baignoire, et il s'appuya sur la rampe de la fenêtre; son étourdissement cessa; il reboucha soigneusement les fioles, et il mit à profit cette occasion pour remédier au désordre de ses maquillages. Il n'y avait point touché depuis son arrivée à Fontenay, et il s'étonna presque, maintenant, de revoir cette collection naguère visitée par tant de femmes. Les uns sur les autres, des flacon, et des pots s'entassaient. Ici, une boîte en porcelaine, de la famille verte, contenait le schnouda, cette merveilleuse crème blanche qui, une fois étendue sur les joues, passe, sous l'influence de l'air, au rose tendre, puis à un incarnat si réel qu'il procure l'illusion vraiment exacte d'une peau colorée de sang; là, des laques, incrustées de burgau, renfermaient de l'or Japonais et du vert d'Athènes, couleur d'aile de cantharide, des ors et des verts qui se transmuent en une pourpre profonde dès qu'on les mouille; près de pots pleins de pâte d'aveline, de serkis du harem, d'émulsines au lys de kachemyr, de lotions d'eau de fraise et de sureau pour le teint, et près de petites bouteilles remplies de solutions d'encre de Chine et d'eau de rose à l'usage des yeux, des instruments en ivoire, en nacre, en acier, en argent, s'étalaient éparpillés avec des brosses en luzerne pour les gencives: des pinces, des ciseaux, des strigiles, des estompes, des crêpons et des houppes, des gratte-dos, des mouches et des limes.

Il manipulait tout cet attirail, autrefois acheté sur les instances d'une maîtresse qui se pâmait sous l'influence de certains aromates et de certains baumes, une femme détraquée et nerveuse aimant à faire macérer la pointe de ses seins dans les senteurs, mais n'éprouvant, en somme, une délicieuse et accablante extase, que lorsqu'on lui ratissait la tête avec un peigne ou qu'elle pouvait humer, au milieu des caresses, l'odeur de la suie, du plâtre des maisons en construction, par les temps de pluie, ou de la poussière mouchetée par de grosses gouttes d'orage, pendant l'été.

Il rumina ces souvenirs, et une après-midi écoulée, à Pantin, par désoeuvrement, par curiosité, en compagnie de cette femme, chez l'une de ses soeurs, lui revint, remuant en lui un monde oublié de vieilles idées et d'anciens parfums; tandis que les deux femmes jacassaient et se montraient leurs robes, il s'était approché de la fenêtre et, au travers des vitrines poudreuses, il avait vu la rue pleine de boue s'étendre et entendu ses pavés bruire sous le coup répété des galoches battant les mares.

Cette scène déjà lointaine se présenta subitement, avec une vivacité singulière. Pantin était là, devant lui, animé, vivant, dans cette eau verte et comme morte de la glace margée de lune où ses yeux inconscients plongeaient; une hallucination l'emporta loin de Fontenay; le miroir lui répercuta en même temps que la rue les réflexions qu'elle avait autrefois fait naître et, abîmé dans un songe, il se répéta cette ingénieuse, mélancolique et consolante antienne qu'il avait jadis notée dès son retour dans Paris:

- Oui, le temps des grandes pluies est venu; voilà quelles gargouilles dégobillent, en chantant sous les trottoirs, et que les fumiers marinent dans des flaques qu'emplissent de leur café au lait les bols creusés dans le macadam; partout, pour l'humble passant, les rince-pieds fonctionnent.

Sous le ciel bas, dans l'air mou, les murs des maisons ont des sueurs noires et leurs soupiraux fétident; la dégoûtation de l'existence s'accentue et le spleen écrase; les semailles d'ordures que chacun a dans l'âme éclosent; des besoins de sales ribotes agitent les gens austères et, dans le cerveau des gens considérés, des désirs de forçats vont naître.

Et pourtant, je me chauffe devant un grand feu et, d'une corbeille de fleurs épanouies sur la table se dégage une exhalaison de benjoin, de géranium et de vétyver qui remplit la chambre. En plein mois de novembre, à Pantin, rue de Paris, le printemps persiste et voici que je ris, à part moi, des familles craintives qui, afin d'éviter les approches du froid, fuient à toute vapeur vers Antibes ou vers Cannes.

L'inclémente nature n'est pour rien dans cet extraordinaire phénomène; c'est à l'industrie seule, il faut bien le dire, que Pantin est redevable de cette saison factice.

En effet, ces fleurs sont en taffetas, montées sur du fil d'archal, et la senteur printanière filtre par les joints de la fenêtre, exhalée des usines du voisinage, des parfumeries de Pinaud et de Saint-James.

Pour les artisans usés par les durs labeurs des ateliers, pour les petits employés trop souvent pères, l'illusion d'un peu de bon air est, grâce à ces commerçants, possible.

Puis de ce fabuleux subterfuge d'une campagne, une médication intelligente peut sortir; les viveurs poitrinaires qu'on exporte dans le Midi, meurent, achevés par la rupture de leurs habitudes, par la nostalgie des excès parisiens qui les ont vaincus. Ici, sous un faux climat, aidé par des bouches de poêles, les souvenirs libertins renaîtront, très doux, avec les languissantes émanations féminines évaporées par les fabriques. Au mortel ennui de la vie provinciale, le médecin peut, par cette supercherie, substituer platoniquement, pour son malade, l'atmosphère des boudoirs de Paris, des filles. Le plus souvent, il suffira, pour consommer la cure, que le sujet ait l'imagination un peu fertile.

Puisque, par le temps qui court, il n'existe plus de substance saine, puisque le vin qu'on boit et que la liberté qu'on proclame, sont frelatés et dérisoires, puisqu'il faut enfin une singulière dose de bonne volonté pour croire que les classes dirigeantes sont respectables et que les classes domestiquées sont dignes d'être soulagées ou plaintes, il ne me semble, conclut des Esseintes, ni plus ridicule ni plus fou, de demander à mon prochain une somme d'illusion à peine équivalente à celle qu'il dépense dans des buts imbéciles chaque jour, pour se figurer que la ville de Pantin est une Nice artificielle, une Menton factice.

Tout cela n'empêche pas, fit-il, arraché à ses réflexions, par une défaillance de tout son corps, qu'il va falloir me défier de ces délicieux et abominables exercices qui m'écrasent. Il soupira: - Allons, encore des plaisirs à modérer, des précautions à prendre; et il se réfugia dans son cabinet de travail, pensant échapper plus facilement ainsi à la hantise de ces parfums.

Il ouvrit la croisée toute large, heureux de prendre un bain d'air; mais, soudain, il lui parut que la brise soufflait un vague montant d'essence de bergamote avec laquelle se coalisait de l'esprit de jasmin, de cassie et de l'eau de rose. Il haleta, se demandant s'il n'était point décidément sous le joug d'une de ces possessions qu'on exorcisait au moyen âge. L'odeur changea et se transforma, tout en persistant. Une indécise senteur de teinture de tolu, de baume du Pérou, de safran, soudés par quelques gouttes d'ambre et de musc, s'élevait maintenant du village couché, au bas de la côte, et, subitement, la métamorphose s'opéra, ces bribes éparses se relièrent et, à nouveau, la frangipane, dont son odorat avait perçu les éléments et préparé l'analyse, fusa de la vallée de Fontenay jusqu'au fort, assaillant ses narines excédées, ébranlant encore ses nerfs rompus, le jetant dans une telle prostration, qu'il s'affaissa évanoui, presque mourant, sur la barre d'appui de la fenêtre.

Chapitre 11

Les domestiques effrayés s'empressèrent d'aller chercher le médecin de Fontenay qui ne comprit absolument rien à l'état de des Esseintes. Il bafouilla quelques termes médicaux, tâta le pouls, examina la langue du malade, tenta mais en vain de le faire parler, ordonna des calmants et du repos, promit de revenir le lendemain, et, sur un signe négatif de des Esseintes qui retrouva assez de force pour improuver le zèle de ses domestiques et congédier cet intrus, il partit et s'en fut raconter, par tout le village, les excentricités de cette maison dont l'ameublement l'avait positivement frappé de stupeur et gelé sur place.

Au grand étonnement des serviteurs qui n'osaient plus bouger de l'office, leur maître se rétablit en quelques jours et ils le surprirent, tambourinant sur les vitres, regardant, d'un air inquiet, le ciel.

Une après-midi, les timbres sonnèrent des appels brefs, et des Esseintes prescrivit qu'on lui apprêtât ses malles, pour un long voyage.

Tandis que l'homme et la femme choisissaient, sur ses indications, les objets utiles à emporter, il arpentait fiévreusement la cabine de la salle à manger, consultait les heures des paquebots, parcourait son cabinet de travail où il continuait à scruter les nuages, d'un air tout à la fois impatient et satisfait.

Le temps était, depuis une semaine déjà, atroce. Des fleuves de suie roulaient, sans discontinuer, au travers des plaines grises du ciel, des blocs de nuées pareils à des rocs déracinés d'un sol.

Par instants, des ondées crevaient et engloutissaient la vallée sous des torrents de pluie.

Ce jour-là, le firmament avait changé d'aspect. Les flots d'encre s'étaient volatilisés et taris, les aspérités des nuages s'étaient fondues, le ciel était uniformément plat, couvert d'une taie saumâtre. Peu à peu, cette taie parut descendre, une brume d'eau enveloppa la campagne; la pluie ne croula plus, par cataractes, ainsi que la veille, mais elle tomba, sans relâche, fine, pénétrante, aiguë, délayant les allées, gâchant les routes, joignant avec ses fils innombrables la terre au ciel; la lumière se brouilla; un jour livide éclaira le village maintenant transformé en un lac de boue pointillé par les aiguilles de l'eau qui piquaient de gouttes de vif argent le liquide fangeux des flaques; dans la désolation de la nature, toutes les couleurs se fanèrent, laissant seuls les toits luire sur les tons éteints des murs.

Quel temps! soupira le vieux domestique, en déposant sur une chaise les vêtements que réclamait son maître, un complet jadis commandé à Londres.

Pour toute réponse des Esseintes se frotta les mains, et s'installa devant une bibliothèque vitrée où un jeu de chaussettes de soie était disposé en éventail; il hésitait sur la nuance, puis, rapidement, considérant la tristesse du jour, le camaïeu morose de ses habits, songeant au but à atteindre, il choisit une paire de soie feuille-morte, les enfila rapidement, se chaussa de brodequins à agrafes et à bouts découpés, revêtit le complet, gris-souris, quadrillé de gris-lave et pointillé de martre, se coiffa d'un petit melon, s'enveloppa d'un mac-farlane bleu-lin et, suivi du domestique qui pliait sous le poids d'une malle, d'une valise à soufflets, d'un sac de nuit, d'un carton à chapeau, d'une couverture de voyage renfermant des parapluies et des cannes, il gagna la gare. Là, il déclara au domestique qu'il ne pouvait fixer la date de son retour, qu'il reviendrait dans un an, dans un mois, dans une semaine, plus tôt peut-être, ordonna que rien ne fût changé de place au logis, remit l'approximative somme nécessaire à l'entretien du ménage pendant son absence, et il monta en wagon, laissant le vieillard ahuri, bras ballants et bouche béante, derrière la barrière où s'ébranlait le train.

Il était seul dans son compartiment; une campagne indécise, sale, vue telle qu'au travers d'un aquarium d'eau trouble, fuyait à toute volée derrière le convoi que cinglait la pluie. Plongé dans ses réflexions, des Esseintes ferma les yeux.

Une fois de plus, cette solitude si ardemment enviée et enfin acquise, avait abouti à une détresse affreuse; ce silence qui lui était autrefois apparu comme une compensation des sottises écoutées pendant des ans, lui pesait maintenant d'un poids insoutenable. Un matin, il s'était réveillé, agité ainsi qu'un prisonnier mis en cellule; ses lèvres énervées remuaient pour articuler des sons, des larmes lui montaient aux yeux, il étouffait de même qu'un homme qui aurait sangloté pendant des heures.

Dévoré du désir de marcher, de regarder une figure humaine, de parler avec un autre être, de se mêler à la vie commune, il en vint à retenir ses domestiques, appelés sous un prétexte; mais la conversation était impossible; outre que ces vieilles gens, ployés par des années de silence et des habitudes de garde-malades, étaient presque muets, la distance à laquelle les avait toujours tenus des Esseintes n'était point faite pour les engager à desserrer les dents. D'ailleurs, ils possédaient des cerveaux inertes et étaient incapables de répondre autrement que par des monosyllabes aux questions qu'on leur posait.

Il ne put donc se procurer aucune ressource, aucun soulagement près d'eux; mais un nouveau phénomène se produisit. La lecture de Dickens qu'il avait naguère consommée pour s'apaiser les nerfs et qui n'avait produit que des effets contraires aux effets hygiéniques qu'il espérait, commença lentement à agir dans un sens inattendu, déterminant des visions de l'existence anglaise qu'il ruminait pendant des heures; peu à peu, dans ces contemplations fictives, s'insinuèrent des idées de réalité précise, de voyage accompli, de rêves vérifiés sur lesquels se greffa l'envie d'éprouver des impressions neuves et d'échapper ainsi aux épuisantes débauches de l'esprit s'étourdissant à moudre à vide.

Cet abominable temps de brouillard et de pluie aidait encore à ces pensées, en appuyant les souvenirs de ses lectures, en lui mettant la constante image sous les yeux d'un pays de brume et de boue, en empêchant ses désirs de dévier de leur point de départ, de s'écarter de leur source.

Il n'y tint plus, et brusquement il s'était décidé, un jour. Sa hâte fut telle qu'il prit la fuite bien avant l'heure, voulant se dérober au présent, se sentir bousculé dans un brouhaha de rue, dans un vacarme de foule et de gare.

Je respire, se disait-il, au moment où le convoi ralentissait sa valse et s'arrêtait dans la rotonde du débarcadère de Sceaux, en rythmant ses dernières pirouettes, par le fracas saccadé des plaques tournantes.

Une fois au boulevard d'Enfer, dans la rue, il héla un cocher, jouissant à être ainsi empêtré avec ses malles et ses couvertures. Moyennant la promesse d'un copieux pourboire, il s'entendit avec l'homme au pantalon noisette et au gilet rouge: - à l'heure, fit-il, et, rue de Rivoli, vous vous arrêterez devant le Galignani's Messenger; car il songeait à acheter, avant son départ, un guide Baedeker ou Murray, de Londres.

La voiture s'ébranla lourdement, soulevant autour de ses roues des cerceaux de crotte; on naviguait en plein marécage; sous le ciel gris qui semblait s'appuyer sur le toit des maisons, les murailles ruisselaient du haut en bas, les gouttières débordaient, les pavés étaient enduits d'une boue de pain d'épice dans laquelle les passants glissaient; sur les trottoirs que râflaient les omnibus, des gens tassés s'arrêtaient, des femmes retroussées jusqu'aux genoux, courbées sous des parapluies, s'aplatissaient pour éviter des éclaboussures, contre les boutiques.

La pluie entrait en diagonale par les portières; des Esseintes dut relever les glaces que l'eau raya de ses cannelures tandis que des gouttes de fange rayonnaient comme un feu d'artifice de tous les côtés du fiacre. Au bruit monotone des sacs de pois secoués sur sa tête par l'ondée dégoulinant sur les malles et sur le couvercle de la voiture, des Esseintes rêvait à son voyage; c'était déjà un acompte de l'Angleterre qu'il prenait à Paris par cet affreux temps; un Londres pluvieux, colossal, immense, puant la fonte échauffée et la suie, fumant sans relâche dans la brume se déroulait maintenant devant ses yeux; puis des enfilades de docks s'étendaient à perte de vue, pleins de grues, de cabestans, de ballots, grouillant d'hommes perchés sur des mâts, à califourchon sur des vergues, alors que, sur les quais, des myriades d'autres hommes étaient penchés, le derrière en l'air, sur des barriques qu'ils poussaient dans des caves.

Tout cela s'agitait sur des rives, dans des entrepôts gigantesques, baignés par l'eau teigneuse et sourde d'une imaginaire Tamise, dans une futaie de mâts, dans une forêt de poutres crevant les nuées blafardes du firmament, pendant que des trains filaient, à toute vapeur, dans le ciel, que d'autres roulaient dans les égouts, éructant des cris affreux, vomissant des flots de fumée par des bouches de puits, que par tous les boulevards, par toutes les rues, où éclataient, dans un éternel crépuscule, les monstrueuses et voyantes infamies de la réclame, des flots de voitures coulaient, entre des colonnes de gens, silencieux, affairés, les yeux en avant, les coudes au corps.

Des Esseintes frissonnait délicieusement à se sentir confondu dans ce terrible monde de négociants, dans cet isolant brouillard, dans cette incessante activité, dans cet impitoyable engrenage broyant des millions de déshérités que des philanthropes excitaient, en guise de consolation, à réciter des versets et à chanter des psaumes.

Puis, la vision s'éteignit brusquement avec un cahot du fiacre qui le fit rebondir sur la banquette. Il regarda par les portières; la nuit était venue; les becs de gaz clignotaient, au milieu d'un halo jaunâtre, en pleine brume; des rubans de feux nageaient dans des mares et semblaient tourner autour des roues des voitures qui sautaient dans de la flamme liquide et sale; il tenta de se reconnaître, aperçut le Carrousel et, subitement, sans motif, peut-être par le simple contre-coup de la chute qu'il faisait du haut d'espaces feints, sa pensée rétrograda jusqu'au souvenir d'un incident trivial: il se rappela que le domestique avait négligé de mettre, tandis qu'il le regardait préparer ses malles, une brosse à dents parmi les ustensiles de son nécessaire de toilette; alors il passa en revue la liste des objets empaquetés; tous avaient été rangés dans sa valise, mais la contrariété d'avoir omis cette brosse persista jusqu'à ce que le cocher, en s'arrêtant, rompit la chaîne de ces réminiscences et de ces regrets.

Il était, dans la rue de Rivoli, devant le Galignani's Messenger. Séparées par une porte aux verres dépolis couverts d'inscriptions et munis de passe-partout encadrant des découpures de journaux et des bandes azurées de télégrammes, deux grandes vitrines regorgeaient d'albums et de livres. Il s'approcha, attiré par la vue de ces cartonnages en papier bleu-perruquier et vert-chou gaufrés, sur toutes les coutures, de ramages d'argent et d'or, de ces couvertures en toiles couleur carmélite, poireau, caca d'oie, groseille, estampées au fer froid, sur les plats et le dos, de filets noirs. Tout cela avait une touche antiparisienne, une tournure mercantile, plus brutale et pourtant moins vile que celles des reliures de camelote, en France; çà et là, au milieu d'albums ouverts, reproduisant des scènes humoristiques de du Maurier et de John Leech, ou lançant au travers de plaines en chromo les délirantes cavalcades de Caldecott, quelques romans français apparaissaient, mêlant à ces verjus de teintes, des vulgarités bénignes et satisfaites.

Il finit par s'arracher à cette contemplation, poussa la porte, pénétra dans une vaste bibliothèque, pleine de monde; des étrangères assises dépliaient des cartes et baragouinaient, en des langues inconnues, des remarques. Un commis lui apporta toute une collection de guides. à son tour, il s'assit, retournant ces livres dont les flexibles cartonnages pliaient entre ses doigts. Il les parcourut, s'arrêta sur une page du Baedeker, décrivant les musées de Londres. Il s'intéressait aux détails laconiques et précis du guide; mais son attention dévia de l'ancienne peinture anglaise sur la nouvelle qui le sollicitait davantage. Il se rappelait certains spécimens qu'il avait vus, dans les expositions internationales, et il songeait qu'il les reverrait peut-être à Londres: des tableaux de Millais, la "Veillée de sainte Agnès", d'un vert argenté si lunaire, des tableaux de Watts, aux couleurs étranges, bariolés de gomme-gutte et d'indigo, des tableaux esquissés par un Gustave Moreau malade, brossés par un Michel-Ange anémié et retouchés par un Raphaël noyé dans le bleu; entre autres toiles, il se rappelait une "Dénonciation de Caïn", une "Ida" et des "Eves" où, dans le singulier et mystérieux amalgame de ces trois maîtres, sourdait la personnalité tout à la fois quintessenciée et brute d'un Anglais docte et rêveur, tourmenté par des hantises de tons atroces.

Toutes ces toiles assaillaient en foule sa mémoire. Le commis étonné par ce client qui s'oubliait devant une table, lui demanda sur lequel de ces guides il fixait son choix. Des Esseintes demeura ébaubi, puis il s'excusa, fit l'emplette d'un Baedeker et franchit la porte. L'humidité le glaça; le vent soufflait de côté, cinglait les arcades de ses fouets de pluie. - Allez là, fit-il, au cocher, en désignant du doigt au bout d'une galerie, un magasin qui formait l'angle de la rue de Rivoli et de la rue de Castiglione et ressemblait avec ses carreaux blanchâtres, éclairés en dedans, à une gigantesque veilleuse, brûlant dans le malaise de ce brouillard, dans la misère de ce temps malade.

C'était la "Bodéga". Des Esseintes s'égara dans une grande salle qui s'allongeait, en couloir, soutenue par des piliers de fonte, bardée, de chaque côté de ses murs, de hautes futailles posées tout debout sur des chantiers.

Cerclées de fer, la panse garnie de créneaux de bois simulant un ratelier de pipes dans les crans duquel pendaient des verres en forme de tulipes, le pied en l'air; le bas-ventre troué et emmanché d'une cannelle de grès, ces barriques armoriées d'un blason royal, étalaient sur des étiquettes en couleur le nom de leur cru, la contenance de leurs flancs, le prix de leur vin, acheté à la pièce, à la bouteille, ou dégusté au verre.

Dans l'allée restée libre entre ces rangées de tonneaux, sous les flammes du gaz qui bourdonnait aux becs d'un affreux lustre peint en gris fer, des tables couvertes de corbeilles de biscuits Palmers, de gâteaux salés et secs, d'assiettes où s'entassaient des mince-pie et des sandwichs cachant sous leurs fades enveloppes d'ardents sinapismes à la moutarde, se succédaient entre une haie de chaises, jusqu'au fond de cette cave encore bardée de nouveaux muids portant sur leur tête de petits barils, couchés sur le flanc, estampillés de titres gravés au fer chaud, dans le chêne.

Un fumet d'alcool saisit des Esseintes lorsqu'il prit place dans cette salle où sommeillaient de puissants vins. Il regarda autour de lui: ici, les foudres s'alignaient, détaillant toute la série des porto, des vins âpres ou fruiteux, couleur d'acajou ou d'amarante, distingués par de laudatives épithètes: "old port, light delicate, cockburn's very fine, magnificent old Regina"; là, bombant leurs formidables abdomens, se pressaient, côte à côte, des fûts énormes renfermant le vin martial de l'Espagne, le xérès et ses dérivés, couleur de topaze brûlée ou crue, le san lucar, le pasto, le pale dry, l'oloroso, l'amontilla, sucrés ou secs.

La cave était pleine; accoudé sur un coin de table, des Esseintes attendait le verre de porto commandé à un gentleman, en train de déboucher d'explosifs sodas contenus dans des bouteilles ovales qui rappelaient, en les exagérant, ces capsules de gélatine et de gluten employées par les pharmacies pour masquer le goût de certains remèdes.

Tout autour de lui, des Anglais foisonnaient: des dégaines de pâles clergymen, vêtus de noir de la tête aux pieds, avec des chapeaux mous, des souliers lacés, des redingotes interminables constellées sur la poitrine de petits boutons, des mentons ras, des lunettes rondes, des cheveux graisseux et plats; des trognes de tripiers et des mufles de dogues avec des cous apoplectiques, des oreilles comme des tomates, des joues vineuses, des yeux injectés et idiots, des colliers de barbe pareils à ceux de quelques grands singes; plus loin, au bout du chai, un long dépendent d'andouilles aux cheveux d'étoupe, au menton garni de poils blancs ainsi qu'un fond d'artichaut, déchiffrait, au travers d'un microscope, les minuscules romains d'un journal anglais; en face, une sorte de commodore américain, boulot et trapu, les chairs boucanées et le nez en bulbe, s'endormait, regardant, un cigare planté dans le trou velu de sa bouche, des cadres pendus aux murs, renfermant des annonces de vins de Champagne, les marques de Perrier et de Roederer, d'Heidsieck et de Mumm, et une tête encapuchonnée de moine, avec le nom écrit en caractères gothiques de Dom Pérignon, à Reims.

Un certain amollissement enveloppa des Esseintes dans cette atmosphère de corps de garde; étourdi par les bavardages des Anglais causant entre eux, il rêvassait, évoquant devant la pourpre des porto remplissant les verres, les créatures de Dickens qui aiment tant à les boire, peuplant imaginairement la cave de personnages nouveaux, voyant ici, les cheveux blancs et le teint enflammé de Monsieur Wickfield; là, la mine flegmatique et rusée et l'oeil implacable de Monsieur Tulkinghorn, le funèbre avoué de Bleak-house. Positivement, tous se détachaient de sa mémoire, s'installaient, dans la Bodéga, avec leurs faits et leurs gestes; ses souvenirs, ravivés par de récentes lectures, atteignaient une précision inouïe. La ville du romancier, la maison bien éclairée, bien chauffée, bien servie, bien close, les bouteilles lentement versées par la petite Dorrit, par Dora Copperfield, par la soeur de Tom Pinch, lui apparurent naviguant ainsi qu'une arche tiède, dans un déluge de fange et de suie. Il s'acagnarda dans ce Londres fictif, heureux d'être à l'abri, écoutant naviguer sur la Tamise les remorqueurs qui poussaient de sinistres hurlements, derrière les Tuileries, près du pont. Son verre était vide malgré la vapeur éparse dans cette cave encore échauffée par les fumigations des cigares et des pipes, il éprouvait, en retombant dans la réalité, par ce temps d'humidité fétide, un petit frisson.

Il demanda un verre d'amontillado, mais alors devant ce vin sec et pâle, les lénitives histoires, les douces malvacées de l'auteur anglais se défeuillèrent et les impitoyables révulsifs, les douloureux rubéfiants d'Edgar Poe, surgirent; le froid cauchemar de la barrique d'amontillado, de l'homme muré dans un souterrain, l'assaillit, les faces bénévoles et communes des buveurs américains et anglais qui occupaient la salle, lui parurent refléter d'involontaires et d'atroces pensées, d'instinctifs et d'odieux desseins, puis il s'aperçut qu'il s'esseulait, que l'heure du dîner était proche; il paya, s'arracha de sa chaise, et gagna, tout étourdi, la porte. Il reçut un soufflet mouillé dès qu'il mit les pieds dehors; inondés par la pluie et par les rafales, les réverbères agitaient leurs petits éventails de flamme, sans éclairer; encore descendu de plusieurs crans, le ciel s'était abaissé jusqu'au ventre des maisons. Des Esseintes considéra les arcades de la rue de Rivoli, noyées dans l'ombre et submergées par l'eau, et il lui sembla qu'il se tenait dans le morne tunnel creusé sous la Tamise; des tiraillements d'estomac le rappelèrent à la réalité; il rejoignit sa voiture, jeta au cocher l'adresse de la taverne de la rue d'Amsterdam, près de la gare, et il consulta sa montre: sept heures. Il avait juste le temps de dîner; le train ne partait qu'à huit heures cinquante minutes, et il comptait sur ses doigts, supputait les heures de la traversée de Dieppe à Newhaven, se disant: - Si les chiffres de l'indicateur sont exacts, je serai demain, sur le coup de midi et demi, à Londres.

Le fiacre s'arrêta devant la taverne-, de nouveau, des Esseintes descendit et il pénétra dans une longue salle, sans dorure, brune, divisée par des cloisons à mi-corps, en une série de compartiments semblables aux boxs des écuries; dans cette salle, évasée près de la porte, d'abondantes pompes à bières se dressaient sur un comptoir, près de jambons aussi culottés que de vieux violons, de homards peints au minium, de maquereaux marinés, avec des ronds d'oignons et de carottes crus, des tranches de citron, des bouquets de laurier et de thym, des baies de genièvre et du gros poivre nageant dans une sauce trouble.

L'un de ces boxs était vide. Il s'en empara et héla un jeune homme en habit noir, qui s'inclina en jargonnant des mots incompréhensibles. Pendant que l'on préparait le couvert, des Esseintes contempla ses voisins; de même qu'à la Bodéga, des insulaires, aux yeux faïence, au teint cramoisi, aux airs réfléchis ou rogues, parcouraient des feuilles étrangères; seulement des femmes, sans cavaliers, dînaient, entre elles, en tête à tête, de robustes Anglaises aux faces de garçon, aux dents larges comme des palettes, aux joues colorées, en pomme, aux longues mains et aux longs pieds. Elles attaquaient, avec une réelle ardeur, un rumpsteak-pie, une viande chaude, cuite dans une sauce aux champignons et revêtue de même qu'un pâté, d'une croûte.

Après avoir perdu depuis si longtemps l'appétit, il demeura confondu devant ces gaillardes dont la voracité aiguisa sa faim. Il commanda un potage oxtail, se régala de cette soupe à la queue de boeuf, tout à la fois onctueuse et veloutée, grasse et ferme; puis, il examina la liste des poissons, demanda un haddock, une sorte de merluche fumée qui lui parut louable et, pris d'une fringale à voir s'empiffrer les autres, il mangea un rosbif aux pommes et s'enfourna deux pintes d'ale, excité par ce petit goût de vacherie musquée que dégage cette fine et pâle bière.

Sa faim se comblait; il chipota un bout de fromage bleu de Stilton dont la douceur s'imprégnait d'amertume, picora une tarte à la rhubarbe, et, pour varier, étancha sa soif avec le porter, cette bière noire qui sent le jus de réglisse dépouillé de sucre.

Il respirait; depuis des années il n'avait et autant bâfré et autant bu; ce changement d'habitude, ce choix de nourritures imprévues et solides avait tiré l'estomac de son somme. Il s'enfonça dans sa chaise, alluma une cigarette et s'apprêta à déguster sa tasse de café qu'il trempa de gin.

La pluie continuait à tomber; il l'entendait crépiter sur les vitres qui plafonnaient le fond de la pièce et dégouliner en cascades dans les gargouilles; personne ne bougeait dans la salle; tous se dorlotaient, ainsi que lui, au sec, devant des petits verres.

Les langues se délièrent; comme presque tous ces Anglais levaient, en parlant, les yeux en l'air, des Esseintes conclut qu'ils s'entretenaient du mauvais temps; aucun d'eux ne riait et tous étaient vêtus de cheviote grise, réglée de jaune nankin et de rose de papier buvard. Il jeta un regard ravi sur ses habits dont la couleur et la coupe ne différaient pas sensiblement de celles des autres, et il éprouva le contentement de ne point détonner dans ce milieu, d'être, en quelque sorte et superficiellement, naturalisé citoyen de Londres; puis il eut un sursaut. Et l'heure du train? se dit-il. Il consulta sa montre: huit heures moins dix; j'ai encore près d'une demi-heure à rester là; et une fois de plus, il songea au projet qu'il avait conçu.

Dans sa vie sédentaire, deux pays l'avaient seulement attiré, la Hollande et l'Angleterre.

Il avait exaucé le premier de ses souhaits: n'y tenant plus, un beau jour, il avait quitté Paris et visité les villes des Pays-Bas, une à une.

Somme toute, il était résulté de cruelles désillusions de ce voyage. Il s'était figuré une Hollande, d'après les oeuvres de Teniers et de Steen, de Rembrandt et d'Ostade, se façonnant d'avance, à son usage, d'incomparables juiveries aussi dorées que des cuirs de Cordoue par le soleil; s'imaginant de prodigieuses kermesses, de continuelles ribotes dans les campagnes; s'attendant à cette bonhomie patriarcale, à cette joviale débauche célébrée par les vieux maîtres.

Certes, Haarlem et Amsterdam l'avaient séduit; le peuple, non décrassé, vu, dans les vraies campagnes, ressemblait bien à celui peint par Van Ostade, avec ses enfants non équarris et taillés à la serpe et ses commères grasses à lard, bosselées de gros tetons et de gros ventres; mais de joies effrénées, d'ivrogneries familiales, point; en résumé, il devait le reconnaître, l'école hollandaise du Louvre l'avait égaré; elle avait simplement servi de tremplin à ses rêves; il s'était élancé, avait bondi sur une fausse piste et erré dans des visions inégalables, ne découvrant nullement sur la terre ce pays magique et réel qu'il espérait, ne voyant point, sur des gazons semés de futailles, des danses de paysans et de paysannes pleurant de joie, trépignant de bonheur, s'allégeant à force de rire, dans leurs jupes et dans leurs chausses.

Non, décidément, rien de tout cela n'était visible; la Hollande était un pays tel que les autres et, qui plus est, un pays nullement primitif, nullement bonhomme, car la religion protestante y sévissait, avec ses rigides hypocrisies et ses solennelles raideurs.

Ce désenchantement lui revenait; il consulta de nouveau sa montre: dix minutes le séparaient encore de l'heure du train. Il est grand temps de demander l'addition et de partir, se dit-il. Il se sentait une lourdeur d'estomac et une pesanteur, par tout le corps, extrêmes. Voyons, fit-il, pour se verser du courage, buvons le coup de l'étrier; et il remplit un verre de brandy, tout en réclamant sa note. Un individu, en habit noir, une serviette sur le bras, une espèce de majordome au crâne pointu et chauve, à la barbe grisonnante et dure, sans moustaches, s'avança, un crayon derrière l'oreille, se posta, une jambe en avant, comme un chanteur, tira de sa poche un calepin, et, sans regarder son papier, les yeux fixés sur le plafond, près d'un lustre, inscrivit et compta la dépense. Voilà, dit-il, en arrachant la feuille de son calepin, et il la remit à des Esseintes qui le considérait curieusement, ainsi qu'un animal rare. Quel surprenant John Bull, pensait-il, en contemplant ce flegmatique personnage à qui sa bouche rasée donnait aussi la vague apparence d'un timonier de la marine américaine.

À ce moment, la lierre de la taverne s'ouvrit; des gens entrèrent apportant avec eux une odeur de chien mouillé à laquelle se mêla une fumée de houille, rabattue par le vent dans la cuisine dont la porte sans loquet claqua; des Esseintes était incapable de remuer les jambes; un doux et tiède anéantissement se glissait par tous ses membres, l'empêchait même d'étendre la main pour allumer un cigare. Il se disait: Allons, voyons, debout, il faut filer; et d'immédiates objections contrariaient ses ordres. à quoi bon bouger, quand on peut voyager si magnifiquement sur une chaise? N'était-il pas à Londres dont les senteurs, dont l'atmosphère, dont les habitants, dont les pâtures, dont les ustensiles, l'environnaient? Que pouvait-il donc espérer, sinon de nouvelles désillusions, comme en Hollande?

Il n'avait plus que le temps de courir à la gare, et une immense aversion pour le voyage, un impérieux besoin de rester tranquille s'imposaient avec une volonté de plus en plus accusée, de plus en plus tenace. Pensif, il laissa s'écouler les minutes, se coupant ainsi la retraite, se disant: Maintenant il faudrait se précipiter aux guichets, se bousculer aux bagages; quel ennui! quelle corvée ça serait! - Puis, se répétant, une fois de plus: En somme, j'ai éprouvé et j'ai vu ce que je voulais éprouver et voir. Je suis saturé de vie anglaise depuis mon départ; il faudrait être fou pour aller perdre, par un maladroit déplacement, d'impérissables sensations. Enfin quelle aberration ai-je donc eue pour avoir tenté de renier des idées anciennes, pour avoir condamné les dociles fantasmagories de ma cervelle, pour avoir, ainsi qu'un véritable béjaune, cru à la nécessité, à la curiosité, à l'intérêt d'une excursion? - Tiens, fit-il, regardant sa montre, mais l'heure est venue de rentrer au logis; cette fois, il se dressa sur ses jambes, sortit, commanda au cocher de le reconduire à la gare de Sceaux, et il revint avec ses malles, ses paquets, ses valises, ses couvertures, ses parapluies et ses cannes, à Fontenay, ressentant l'éreintement physique et la fatigue morale d'un homme qui rejoint son chez soi, après un long et périlleux voyage.

Chapitre 12

Durant les jours qui suivirent son retour, des Esseintes considéra ses livres, et à la pensée qu'il aurait pu se séparer d'eux pendant longtemps, il goûta une satisfaction aussi effective que celle dont il eût joui s'il les avait retrouvés, après une sérieuse absence. Sous l'impulsion de ce sentiment, ces objets lui semblèrent nouveaux, car il perçut en eux des beautés oubliées depuis l'époque où il les avait acquis.

Tout, volumes, bibelots, meubles, prit à ses yeux un charme particulier, son lit lui parut plus moelleux, en comparaison de la couchette qu'il aurait occupée à Londres; le discret et silencieux service de ses domestiques l'enchanta, fatigué qu'il était, par la pensée, de la loquacité bruyante des garçons d'hôtel; l'organisation méthodique de sa vie lui fit l'effet d'être plus enviable, depuis que le hasard des pérégrinations devenait possible.

Il se retrempa dans ce bain de l'habitude auquel d'artificiels regrets insinuaient une qualité plus roborative et plus tonique.

Mais ses volumes le préoccupèrent principalement. Il les examina, les rangea à nouveau sur les rayons, vérifiant si, depuis son arrivée à Fontenay, les chaleurs et les pluies n'avaient point endommagé leurs reliures et piqué leurs papiers rares.

Il commença par remuer toute sa bibliothèque latine, puis il disposa dans un nouvel ordre les ouvrages spéciaux d'Archélaüs, d'Albert le Grand, de Lulle, d'Arnaud de Villanova traitant de kabbale et de sciences occultes; enfin il compulsa, un à un, ses livres modernes, et joyeusement il constata que tous étaient demeurés, au sec, intacts.

Cette collection lui avait coûté de considérables sommes; il n'admettait pas, en effet, que les auteurs qu'il choyait fussent, dans sa bibliothèque, de même que dans celles des autres, gravés sur du papier de coton, avec les souliers à clous d'un Auvergnat.

à Paris, jadis, il avait fait composer, pour lui seul, certains volumes que des ouvriers spécialement embauchés, tiraient aux presses à bras; tantôt il recourait à Perrin de Lyon dont les sveltes et purs caractères convenaient aux réimpressions archaïques des vieux bouquins; tantôt il faisait venir d'Angleterre ou d'Amérique, pour la confection des ouvrages du présent siècle, des lettres neuves; tantôt encore il s'adressait à une maison de Lille qui possédait, depuis des siècles, tout un jeu de corps gothiques; tantôt enfin il réquisitionnait l'ancienne imprimerie Enschedé, de Haarlem, dont la fonderie conserve les poinçons et les frappes des caractères dits de civilité.

Et il avait agi de même pour ses papiers. Las, un beau jour, des chines argentés, des japons nacrés et dorés, des blancs whatmans, des hollandes bis, des turkeys et des seychal-mills teints en chamois, et dégoûté aussi par les papiers fabriqués à la mécanique, il avait commandé des vergés à la forme, spéciaux, dans les vieilles manufactures de Vire où l'on se sert encore des pilons naguère usités pour broyer le chanvre. Afin d'introduire un peu de variété dans ses collections il s'était, à diverses reprises, fait expédier de Londres, des étoffes apprêtées, des papiers à poils, des papiers reps et, pour aider à son dédain des bibliophiles, un négociant de Lubeck lui préparait un papier à chandelle perfectionné, bleuté, sonore, un peu cassant, dans la pâte duquel les fétus étaient remplacés par des paillettes d'or semblables à celles qui pointillent l'eau-de-vie de Dantzick.

Il s'était procuré, dans ces conditions, des livres uniques, adoptant des formats inusités qu'il faisait revêtir par Lortic, par Trautz-Bauzonnet, par Chambolle, par les successeurs de Capé, d'irréprochables reliures en soie antique, en peau de boeuf estampée, en peau de bouc du Cap, des reliures pleines, à compartiments et à mosaïques, doublées de tabis ou de moire, ecclésiastiquement ornées de fermoirs et de coins, parfois même émaillées par Gruel-Engelmann d'argent oxydé et d'émaux lucides.

Il s'était fait ainsi imprimer avec les admirables lettres épiscopales de l'ancienne maison Le Clerc, les oeuvres de Baudelaire dans un large format rappelant celui des missels, sur un feutre très léger du Japon, spongieux, doux comme une moelle de sureau et imperceptiblement teinté, dans sa blancheur laiteuse, d'un peu de rose. Cette édition tirée à un exemplaire d'un noir velouté d'encre de Chine, avait été vêtue en dehors et recouverte en dedans d'une mirifique et authentique peau de truie choisie entre mille, couleur chair, toute piquetée à la place de ses poils, et ornée de dentelles noires au fer froid, miraculeusement assorties par un grand artiste.

Ce jour-là, des Esseintes ôta cet incomparable livre de ses rayons et il le palpait dévotement, relisant certaines pièces qui lui semblaient, dans ce simple mais inestimable cadre, plus pénétrantes que de coutume.

Son admiration pour cet écrivain était sans borne. Selon lui, en littérature, on s'était jusqu'alors borné à explorer les superficies de l'âme ou à pénétrer dans ses souterrains accessibles et éclairés, relevant, çà et là, les gisements des péchés capitaux, étudiant leurs, filons, leur croissance, notant, ainsi que Balzac, par exemple, les stratifications de l'âme possédée par la monomanie d'une passion, par l'ambition, par l'avarice, par la bêtise paternelle, par l'amour sénile.

C'était, au demeurant, l'excellente santé des vertus et des vices, le tranquille agissement des cervelles communément conformées, la réalité pratique des idées courantes, sans idéal de maladive dépravation, sans au-delà; en somme, les découvertes des analystes s'arrêtaient aux spéculations mauvaises ou bonnes, classifiées par l'église; c'était la simple investigation, l'ordinaire surveillance d'un botaniste qui suit de près le développement prévu, de floraisons normales plantées dans de la naturelle terre.

Baudelaire était allé plus loin; il était descendu jusqu'au fond de l'inépuisable mine, s'était engagé à travers des galeries abandonnées ou inconnues, avait abouti à ces districts de l'âme où se ramifient les végétations monstrueuses de la pensée.

Là, près de ces confins où séjournent les aberrations et les maladies, le tétanos mystique, la fièvre chaude de la luxure, les typhoïdes et les vomitos du crime, il avait trouvé, couvant sous la morne cloche de l'Ennui, l'effrayant retour d'âge des sentiments et des idées.

Il avait révélé la psychologie morbide de l'esprit qui a atteint l'octobre de ses sensations; raconté les symptômes des âmes requises par la douleur, privilégiées par le spleen; montré la carie grandissante des impressions, alors que les enthousiasmes, les croyances de la jeunesse sont taris, alors qu'il ne reste plus que l'aride souvenir des misères supportées, des intolérances subies, des froissements encourus, par des intelligences qu'opprime un sort absurde.

Il avait suivi toutes les phases de ce lamentable automne, regardant la créature humaine, docile à s'aigrir, habile à se frauder, obligeant ses pensées à tricher entre elles, pour mieux souffrir, gâtant d'avance, grâce à l'analyse et à l'observation, toute joie possible.

Puis, dans cette sensibilité irritée de l'âme, dans cette férocité de la réflexion qui repousse la gênante ardeur des dévouements, les bienveillants outrages de la charité, il voyait, peu à peu, surgir l'horreur de ces passions âgées, de ces amours mûres, où l'un se livre encore quand l'autre se tient déjà en garde, où la lassitude réclame aux couples des caresses filiales dont l'apparente juvénilité paraît neuve, des candeurs maternelles dont la douceur repose et concède, pour ainsi dire, les intéressants remords d'un vague inceste.

En de magnifiques pages il avait exposé ces amours hybrides, exaspérées par l'impuissance où elles sont de se combler, ces dangereux mensonges des stupéfiants et des toxiques appelés à l'aide pour endormir la souffrance et mater l'ennui. à une époque où la littérature attribuait presque exclusivement la douleur de vivre aux malchances d'un amour méconnu ou aux jalousies de l'adultère, il avait négligé ces maladies infantiles et sondé ces plaies plus incurables, plus vivaces, plus profondes, qui sont creusées par la satiété, la désillusion, le mépris, dans les âmes en ruine que le présent torture, que le passé répugne, que l'avenir effraye et désespère.

Et plus des Esseintes relisait Baudelaire, plus il reconnaissait un indicible charme à cet écrivain qui, dans un temps où le vers ne servait plus qu'à peindre l'aspect extérieur des êtres et des choses, était parvenu à exprimer l'inexprimable, grâce à une langue musculeuse et charnue, qui, plus que toute autre, possédait cette merveilleuse puissance de fixer avec une étrange santé d'expressions, les états morbides les plus fuyants, les plus tremblés, des esprits épuisés et des âmes tristes.

Après Baudelaire le nombre était assez restreint, des livres français rangés sur ses rayons. Il était assurément insensible aux oeuvres sur lesquelles il est d'un goût adroit de se pâmer. Le grand rire de Rabelais et le solide comique de Molière ne réussissaient pas à le dérider, et son antipathie envers ces farces allait même assez loin pour qu'il ne craignît pas de les assimiler, au point de vue de l'art, à ces parades des bobèches qui aident à la joie des foires.

En fait de poésies anciennes, il ne lisait guère que Villon, dont les mélancoliques ballades le touchaient et, çà et là, quelques morceaux de d'Aubigné qui lui fouettaient le sang avec les incroyables virulences de leurs apostrophes et de leurs anathèmes.

En prose, il se souciait fort peu de Voltaire et de Rousseau, voire même de Diderot, dont les "Salons" tant vantés lui parais- saient singulièrement remplis de fadaises morales et d'aspirations jobardes; en haine de tous ces fatras, il se confi- nait presque exclusivement dans la lecture de l'éloquence chré- tienne, dans la lecture de Bourdaloue et de Bossuet dont les périodes sonores et parées lui imposaient; mais, de préférence encore, il savourait ces moelles condensées en de sévères et fortes phrases, telles que les façonnèrent Nicole, dans ses pen- sées, et surtout Pascal dont l'austère pessimisme, dont la dou- loureuse attrition lui allaient au coeur.

à part ces quelques livres, la littérature française commen- çait, dans sa bibliothèque, avec le siècle.

Elle se divisait en deux groupes: l'un comprenait la littéra- ture ordinaire, profane; l'autre la littérature catholique, une lit- térature spéciale, à peu près inconnue, divulguée pourtant par de séculaires et d'immenses maisons de librairie, aux quatre coins du monde.

Il avait eu le courage d'errer parmi ces cryptes, et, ainsi que dans l'art séculier, il avait découvert, sous un gigantesque amas d'insipidités, quelques oeuvres écrites par de vrais maîtres.

Le caractère distinctif de cette littérature, c'était la constante immuabilité de ses idées et de sa langue; de même que l'église avait perpétué la forme primordiale des objets saints, de même aussi, elle avait gardé les reliques de ses dogmes et pieusement conservé la châsse qui les enfermait, la langue oratoire du grand siècle. Ainsi que le déclarait même l'un de ses écrivains, Ozanam, le style chrétien n'avait que faire de la langue de Rousseau; il devait exclusivement se servir du dialecte employé par Bourdaloue et par Bossuet.

En dépit de cette affirmation, l'église, plus tolérante, fermait les yeux sur certaines expressions, sur certaines tournures empruntées à la langue laïque du même siècle, et l'idiome catholique s'était un peu dégorgé de ses phrases massives, alourdies, chez Bossuet surtout, par la longueur de ces incidentes et par le pénible ralliement de ses pronoms; mais là s'étaient bornées les concessions, et d'autres n'eussent sans doute mené à rien, car, ainsi délestée, cette prose pouvait suffire aux sujets restreints que l'église se condamnait à traiter.

Incapable de s'attaquer à la vie contemporaine, de rendre visible et palpable l'aspect le plus simple des êtres et des choses, inapte à expliquer les ruses compliquées d'une cervelle indifférente à l'état de grâce, cette langue excellait cependant aux sujets abstraits; utile dans la discussion d'une controverse, dans la démonstration d'une théorie, dans l'incertitude d'un commentaire, elle avait, plus que toute autre aussi, l'autorité nécessaire pour affirmer, sans discussion, la valeur d'une doctrine.

Malheureusement, là comme partout, une innombrable armée de cuistres avait envahi le sanctuaire et sali par son ignorance et son manque de talent, sa tenue rigide et noble; pour comble de malchance, des dévotes s'en étaient mêlées et de maladroites sacristies et d'imprudents salons avaient exalté ainsi que des oeuvres de génie, les misérables bavardages de ces femmes.

Des Esseintes avait eu la curiosité de lire parmi ces oeuvres, celles de madame Swetchine, cette générale russe, dont la maison fut, à Paris, recherchée par les plus fervents des catholiques; elles avaient dégagé pour lui un inaltérable et un accablant ennui; elles étaient plus que mauvaises, elles étaient quelconques; cela donnait l'idée d'un écho retenu dans une petite chapelle où tout un monde gourmé et confit, marmottait ses prières, se demandait, à voix basse, de ses nouvelles, se répétait, d'un air mystérieux et profond, quelques lieux communs sur la politique, sur les prévisions du baromètre, sur l'état actuel de l'atmosphère.

Mais il y avait pis: une lauréate brevetée de l'Institut, madame Augustus Craven, l'auteur du Récit d'une soeur, d'une éliane, d'un Fleurange, soutenus à grand renfort de serpent et d'orgue, par la presse apostolique tout entière. Jamais, non, jamais des Esseintes n'avait imaginé qu'on pût écrire de pareilles insignifiances. Ces livres étaient, au point de vue de la conception, d'une telle nigauderie et ils étaient écrits dans une langue si nauséeuse, qu'ils en devenaient presque personnels, presque rares.

Du reste, ce n'était point parmi les femmes que des Esseintes, qui avait l'âme peu fraîche et qui était peu sentimental de sa nature, pouvait rencontrer un retrait littéraire adapté suivant ses goûts.

Il s'ingénia pourtant et, avec une attention qu'aucune impatience ne put réduire, à savourer l'oeuvre de la fille de génie, de la Vierge aux bas bleus du groupe; ses efforts échouèrent; il ne mordit point à ce Journal et à ces Lettres où Eugénie de Guérin célèbre sans discrétion le prodigieux talent d'un frère qui rimait, avec une telle ingénuité, avec une telle grâce, qu'il fallait, à coup sûr, remonter aux oeuvres de M. de Jouy et de M. écouchard Lebrun, afin d'en trouver et d'aussi hardies et d'aussi neuves!

Il avait inutilement aussi tenté de comprendre les délices de ces ouvrages où l'on découvre des récits tels que ceux-ci: "J'ai suspendu, ce matin, à côté du lit de papa, une croix qu'une petite fille lui donna hier." - "Nous sommes invitées, Mimi et moi, à assister, demain, chez M. Roquiers, à la bénédiction d'une cloche; cette course ne me déplaît pas"; - où l'on relève des événements de cette importance: "Je viens de suspendre à mon cou une médaille de la sainte Vierge que Louise m'a envoyée, pour préservatif du choléra"; - de la poésie de ce genre: "O le beau rayon de lune qui vient de tomber sur l'évangile que je lisais!" - enfin, des observations aussi pénétrantes et aussi fines que celle-ci "Quand je vois passer devant une croix un homme qui se signe ou ôte son chapeau, je me dis: Voilà un chrétien qui passe."

Et cela continuait de la sorte, sans arrêt, sans trêve, jusqu'à ce que Maurice de Guérin mourût et que sa soeur le pleurât en de nouvelles pages, écrites dans une prose aqueuse que parsemaient, çà et là, des bouts de poèmes dont l'humiliante indigence finissait par apitoyer des Esseintes.

Ah! ce n'était pas pour dire, mais le parti catholique était bien peu difficile dans le choix de ses protégées et bien peu artiste! Ces lymphes qu'il avait tant choyées et pour lesquelles il avait épuisé l'obéissance de ses feuilles, écrivaient toutes comme des pensionnaires de couvent, dans une langue blanche, dans un de ces flux de la phrase qu'aucun astringent n'arrête!

Aussi des Esseintes se détournait-il de cette littérature, avec horreur; mais, ce n'étaient pas non plus les maîtres modernes du sacerdoce, qui lui offraient des compensations suffisantes pour remédier à ses déboires. Ceux-là étaient des prédicateurs ou des polémistes impeccables et corrects, mais la langue chrétienne avait fini, dans leurs discours et dans leurs livres, par devenir impersonnelle, par se figer dans une rhétorique aux mouvements et aux repos prévus, dans une série de périodes construites d'après un modèle unique. Et en effet, tous les ecclésiastiques écrivaient de même, avec un peu plus ou un peu moins d'abandon ou d'emphase, et la différence était presque nulle entre les grisailles tracées par NN. SS. Dupanloup ou Landriot, La Bouillerie ou Gaume, par Dom Guéranger ou le père Ratisbonne, par Monseigneur Freppel ou Monseigneur Perraud, par les RR. PP. Ravignan ou Gratry, par le jésuite Olivain, le carme Dosithée, le dominicain Didon ou par l'ancien prieur de Saint-Maximin, le Révérend Chocarne.

Souvent des Esseintes y avait songé: il fallait un talent bien authentique, une originalité bien profonde, une conviction bien ancrée, pour dégeler cette langue si froide, pour animer ce style public que ne pouvait soutenir aucune pensée qui fût imprévue, aucune thèse qui fût brave.

Cependant quelques écrivains existaient dont l'ardente éloquence fondait et tordait cette langue, Lacordaire surtout, l'un des seuls écrivains qu'ait, depuis des années, produits l'église.

Enfermé, de même que tous ses confrères, dans le cercle étroit des spéculations orthodoxes, obligé, ainsi qu'eux, de piétiner sur place et de ne toucher qu'aux idées émises et consacrées par les Pères de l'église et développées par les maîtres de la chaire, il parvenait à donner le change, à les rajeunir, presque à les modifier, par une forme plus personnelle et plus vive. çà et là, dans ses Conférences de Notre-Dame, des trouvailles d'expressions, des audaces de mots, des accents

d'amour, des bondissements, des cris d'allégresse, des effusions éperdues qui faisaient fumer le style séculaire sous sa
plume. Puis, en sus de l'orateur de talent, qu'était cet habile et
doux moine dont les adresses et dont les efforts s'étaient épuisés dans l'impossible tâche de concilier les doctrines libérales
d'une société avec les dogmes autoritaires de l'église, il y avait
en lui un tempérament de fervente dilection, de diplomatique
tendresse. Alors, dans les lettres qu'il écrivait à des jeunes
gens, passaient des caresses de père exhortant ses fils, de sou-
riantes réprimandes, de bienveillants conseils, d'indulgents
pardons. D'aucunes étaient charmantes, où il avouait toute sa
gourmandise d'affection, et d'autres étaient presque imposantes lorsqu'il soutenait le courage et dissipait les doutes, par
les inébranlables certitudes de sa Foi. En somme, ce sentiment
de paternité qui prenait sous sa plume quelque chose de délicat et de féminin imprimait à sa prose un accent unique parmi
toute la littérature cléricale.

Après lui, bien rares se faisaient les ecclésiastiques et les
moines qui eussent une individualité quelconque. Tout au plus,
quelques pages de son élève l'abbé Peyreyve, pouvaient-elles
supporter une lecture. Il avait laissé de touchantes biographies
de son maître, écrit quelques aimables lettres, composé des articles, dans la langue sonore des discours, prononcé des panégyriques où le ton déclamatoire dominait trop. Certes, l'abbé
Peyreyve n'avait ni les émotions, ni les flammes de Lacordaire.
Il était trop prêtre et trop peu homme; çà et là pourtant dans
sa rhétorique de sermon éclataient des rapprochements curieux, des phrases larges et solides, des élévations presque
augustes.

Mais, il fallait arriver aux écrivains qui n'avaient point subi
l'ordination, aux écrivains séculiers, attachés aux intérêts du
catholicisme et dévoués à sa cause, pour retrouver des prosa-
teurs qui valussent qu'on s'arrêtât.

Le style épiscopal, si banalement manié par les prélats,
s'était retrempé et avait, en quelque sorte, reconquis une mâle
vigueur avec le comte de Falloux. Sous son apparence modé-
rée, cet académicien exsudait du fiel; ses discours prononcés,
en 1848, au Parlement, étaient diffus et ternes, mais ses articles insérés dans le Correspondant et réunis depuis en livres,
étaient mordants et âpres, sous la politesse exagérée de leur

forme. Conçus comme des harangues, ils contenaient une certaine verve amère et surprenaient par l'intolérance de leur conviction.

Polémiste dangereux à cause de ses embuscades, logicien retors, marchant de côté, frappant à l'improviste, le comte de Falloux avait aussi écrit de pénétrantes pages sur la mort de madame Swetchine, dont il avait recueilli les opuscules et qu'il révérait à l'égal d'une sainte.

Mais, où le tempérament de l'écrivain s'accusait vraiment, c'était dans deux brochures parues, l'une en 1846 et l'autre en 1880, cette dernière intitulée: l'Unité nationale.

Animé d'une rage froide, l'implacable légitimiste combattait, cette fois, contrairement à ses habitudes, en face, et jetait aux incrédules, en guise de péroraison, ces fulminantes invectives:

"Et vous, utopistes systématiques, qui faites abstraction de la nature humaine, fauteurs d'athéisme, nourris de chimères et de haines, émancipateurs de la femme, destructeurs de la famille, généalogistes de la race simienne, vous, dont le nom était naguère une injure, soyez contents: vous aurez été les prophètes et vos disciples seront les pontifes d'un abominable avenir!"

L'autre brochure portait ce titre: Le Parti catholique, et elle était dirigée contre le despotisme de l'Univers, et contre Veuillot dont elle se refusait à prononcer le nom. Ici les attaques sinueuses recommençaient, le venin filtrait sous chacune de ces lignes où le gentilhomme, couvert de bleus, répondait par de méprisants sarcasmes aux coups de savate du lutteur.

à eux deux, ils représentaient bien les deux partis de l'église où les dissidences se résolvent en d'intraitables haines; de Falloux, plus hautain et plus cauteleux, appartenait à cette secte libérale dans laquelle étaient déjà réunis et de Montalembert et Cochin, et Lacordaire et de Broglie; il appartenait, tout entier, aux idées du Correspondant, une revue qui s'efforçait de couvrir d'un vernis de tolérance les théories impérieuses de l'église; Veuillot, plus débraillé, plus franc, rejetait ces masques, attestait sans hésiter la tyrannie des volontés ultramontaines, avouait et réclamait tout haut l'impitoyable joug de ses dogmes.

Celui-là s'était fabriqué, pour la lutte, une langue particulière, où il entrait du La Bruyère et du faubourien du Gros-Caillou. Ce style mi-solennel, mi-canaille, brandi par cette personnalité brutale, prenait un poids redoutable de casse-tête. Singulièrement entêté et brave, il avait assommé avec ce terrible outil, et les libres penseurs et les évêques, tapant à tour de bras, frappant comme un boeuf sur ses ennemis, à quelque parti qu'ils appartinssent. Tenu en défiance par l'église qui n'admettait ni ce style de contrebande ni ces poses de barrière, ce religieux arsouille s'était quand même imposé par son grand talent, ameutant après lui toute la presse qu'il étrillait jusqu'au sang dans ses Odeurs de Paris, tenant tête à tous les assauts, se débarrassant à coups de soulier de tous les bas plumitifs qui s'essayaient à lui sauter aux jambes.

Malheureusement, ce talent incontesté n'existait que dans le pugilat; au calme, Veuillot n'était plus qu'un écrivain médiocre; ses poésies et ses romans inspiraient la pitié; sa langue à la poivrade s'éventait à ne pas cogner; l'arpin catholique se changeait, au repos, en un cacochyme qui toussait de banales litanies et balbutiait d'enfantins cantiques.

Plus guindé, plus contraint, plus grave, était l'apologiste chéri de l'église, l'inquisiteur de la langue chrétienne, Ozanam. Encore qu'il fût difficile à surprendre, des Esseintes ne laissait pas que d'être étonné par l'aplomb de cet écrivain qui parlait des desseins impénétrables de Dieu, alors qu'il eût fallu administrer les preuves des invraisemblables assertions qu'il avançait; avec le plus beau sang-froid, celui-là déformait les événements, contredisait, plus impudemment encore que les panégyristes des autres partis, les actes reconnus de l'histoire, certifiait que l'église n'avait jamais caché l'estime qu'elle faisait de la science, qualifiait les hérésies de miasmes impurs, traitait le bouddhisme et les autres religions avec un tel mépris qu'il s'excusait de souiller la prose catholique par l'attaque même de leurs doctrines.

Par instants, la passion religieuse insufflait une certaine ardeur à sa langue oratoire sous les glaces de laquelle bouillonnait un courant de violence sourde; dans ses nombreux écrits sur le Dante, sur saint François, sur l'auteur du "Stabat", sur les poètes franciscains, sur le socialisme, sur le droit commercial, sur tout, cet homme plaidait la défense du Vatican qu'il estimait indéfectible, appréciait indifféremment toutes les causes suivant qu'elles se rapprochaient ou s'écartaient plus ou moins de la sienne.

Cette manière d'envisager les questions à un seul point de vue était celle aussi de ce piètre écrivassier que d'aucuns lui opposaient comme un rival, Nettement. Celui-là était moins sanglé et il affectait des prétentions moins altières et plus mondaines; à diverses reprises, il était sorti du cloître littéraire où s'emprisonnait Ozanam, et il avait parcouru les oeuvres profanes, pour les juger. Il était entré là-dedans à tâtons, ainsi qu'un enfant dans une cave, ne voyant autour de lui que des ténèbres, ne percevant au milieu de ce noir que la lueur du cierge qui l'éclairait en avant, à quelques pas.

Dans cette ignorance des lieux, dans cette ombre, il avait achoppé à tout bout de champ, parlant de Mürger qui avait "le souci du style ciselé et soigneusement fini", d'Hugo qui recherchait l'infect et l'immonde et auquel il osait comparer M. de Laprade, de Delacroix qui dédaignait la règle, de Paul Delaroche et du poète Reboul qu'il exaltait, parce qu'ils lui semblaient posséder la foi.

Des Esseintes ne pouvait s'empêcher de hausser les épaules devant ces malheureuses opinions que recouvrait une prose assistée, dont l'étoffe déjà portée, s'accrochait et se déchirait, à chaque coin de phrases.

D'un autre côté, les ouvrages de Poujoulat et de Genoude, de Montalembert, de Nicolas et de Carné ne lui inspiraient pas une sollicitude beaucoup plus vive; son inclination pour l'histoire traitée avec un soin érudit et dans une langue honorable par le duc de Broglie, et son penchant pour les questions sociales et religieuses abordées par Henry Cochin qui s'était pourtant révélé dans une lettre où il racontait une émouvante prise de voile au Sacré-Coeur, ne se prononçaient guère. Depuis longtemps, il n'avait plus touché à ces livres, et l'époque était déjà lointaine où il avait jeté aux vieux papiers les puériles élucubrations du sépulcral Pontmartin et du minable Féval, et où il avait confié aux domestiques, pour un commun usage, les historiettes des Aubineau et des Lasserre, ces bas hagiographes des miracles opérés par M. Dupont de Tours et par la Vierge.

En somme, des Esseintes n'extrayait même point de cette littérature, une passagère distraction à ses ennuis, aussi
repoussait-il dans les angles obscurs de sa bibliothèque ces
amas de livres qu'il avait jadis étudiés, lorsqu'il était sorti de
chez les Pères. - J'aurais bien dû abandonner ceux-là à Paris, se
dit-il, en dénichant derrière les autres, des livres qui lui étaient
plus particulièrement insupportables, ceux de l'abbé Lamen-
nais et ceux de cet imperméable sectaire, si magistralement, si
pompeusement ennuyeux et vide, le comte Joseph de Maistre.

Un seul volume restait installé sur un rayon, à portée de sa
main, l'_Homme_ d'Ernest Hello.

Celui-là était l'antithèse absolue de ses confrères en religion.
Presque isolé dans le groupe pieux que ses allures effarou-
chaient, Ernest Hello avait fini par quitter ce chemin de grande
communication qui mène de la terre au ciel; sans doute écoeu-
ré par la banalité de cette voie, et par la cohue de ces pèlerins
de lettres qui suivaient à la queue leu-leu, depuis des siècles, la
même chaussée, marchant dans les pas les uns des autres,
s'arrêtant aux mêmes endroits, pour échanger les mêmes lieux
communs sur la religion, sur les Pères de l'église, sur leurs
mêmes croyances, sur leurs mêmes maîtres, il était parti par
les sentiers de traverse, avait débouché dans la morne clairière
de Pascal où il s'était longuement arrêté pour reprendre haleine, puis il avait continué sa route et était entré plus avant
que le janséniste, qu'il huait d'ailleurs, dans les régions de la
pensée humaine.

Tortillé et précieux, doctoral et complexe, Hello, par les pénétrantes arguties de son analyse, rappelait à des Esseintes les
études fouillées et pointues de quelques-uns des psychologues
incrédules du précédent et du présent siècle. Il y avait en lui
une sorte de Duranty catholique, mais plus dogmatique et plus
aigu, un manieur expérimenté de loupe, un ingénieur savant de
l'âme, un habile horloger de la cervelle, se plaisant à examiner
le mécanisme d'une passion et à l'expliquer par le menu des
rouages.

Dans cet esprit bizarrement conformé, il existait des relations de pensées, des rapprochements et des oppositions im-
prévus; puis, tout un curieux procédé qui faisait de
l'étymologie des mots, un tremplin aux idées dont l'association

devenait parfois ténue, mais demeurait presque constamment ingénieuse et vive.

Il avait ainsi, et malgré le mauvais équilibre de ses constructions, démonté avec une singulière perspicacité, "l'Avare", "l'homme médiocre", analysé "le Goût du monde", "la passion du malheur", révélé les intéressantes comparaisons qui peuvent s'établir entre les opérations de la photographie et celles du souvenir.

Mais cette adresse à manier cet outil perfectionné de l'analyse qu'il avait dérobé aux ennemis de l'église, ne représentait que l'un des côtés du tempérament de cet homme.

Un autre être existait encore, en lui: cet esprit se dédoublait, et, après l'endroit apparaissait l'envers de l'écrivain, un fanatique religieux et un prophète biblique.

De même que Hugo dont il rappelait çà et là les luxations et d'idées et de phrases, Ernest Hello s'était plu à jouer les petits saint Jean à Pathmos; il pontifiait et vaticinait du haut d'un rocher fabriqué dans les bondieuseries de la rue Saint-Sulpice, haranguant le lecteur avec une langue apocalyptique que salait, par places, l'amertume d'un Isaïe.

Il affectait alors des prétentions démesurées à la profondeur; quelques complaisants criaient au génie, feignaient de le considérer comme le grand homme, comme le puits de science du siècle, un puits peut-être, mais au fond duquel l'on ne voyait bien souvent goutte.

Dans son volume, Paroles de Dieu, où il paraphrasait les écritures et s'efforçait de compliquer leur sens à peu près clair; dans son autre livre, l'Homme, dans sa brochure, le Jour du Seigneur, rédigée dans un style biblique, entrecoupé et obscur, il apparaissait ainsi qu'un apôtre vindicatif, orgueilleux, rongé de bile, et il se révélait également tel qu'un diacre atteint de l'épilepsie mystique, tel qu'un de Maistre qui aurait du talent, tel qu'un sectaire hargneux et féroce.

Seulement, pensait des Esseintes, ce dévergondage maladif bouchait souvent les échappées inventives du casuiste; avec plus d'intolérance encore qu'Ozanam, il niait résolument tout ce qui n'appartenait pas à son clan, proclamait les axiomes les plus stupéfiants, soutenait, avec une déconcertante autorité que "la géologie s'était retournée vers Moïse", que l'histoire naturelle, que la chimie, que toute la science contemporaine vérifiaient l'exactitude scientifique de la Bible; à chaque page, il était question de l'unique vérité, du savoir surhumain de l'église, le tout, semé d'aphorismes plus que périlleux et d'imprécations furibondes, vomies à plein pot sur l'art du dernier siècle.

à cet étrange alliage s'ajoutaient l'amour des douceurs béates, des traductions du livre des Visions d'Angèle de Foligno, un livre d'une sottise fluide sans égale, et des oeuvres choisies de Jean Rusbrock l'Admirable, un mystique du XIIIe siècle, dont la prose offrait un incompréhensible mais attirant amalgame d'exaltations ténébreuses, d'effusions caressantes, de transports âpres.

Toute la pose de l'outrecuidant pontife qu'était Hello, avait jailli d'une abracadabrante préface écrite à propos de ce livre. Ainsi qu'il le faisait remarquer, "les choses extraordinaires ne peuvent que se balbutier", et il balbutiait en effet, déclarant que "la ténèbre sacrée où Rusbrock étend ses ailes d'aigle, est son océan, sa proie, sa gloire, et que les quatre horizons seraient pour lui un vêtement trop étroit".

Quoi qu'il en fût, des Esseintes se sentait attiré par cet esprit mal équilibré, mais subtil; la fusion n'avait pu s'accomplir entre l'adroit psychologue et le pieux cuistre, et ces cahots, ces incohérences mêmes constituaient la personnalité de cet homme.

Avec lui, s'était recruté le petit groupe des écrivains qui travaillaient sur le front de bandière du camp clérical. Ils n'appartenaient pas au gros de l'armée, étaient, à proprement parler, les batteurs d'estrade d'une Religion qui se défiait des gens de talent, tels que Veuillot, tels que Hello, parce qu'ils ne lui semblaient encore ni assez asservis ni assez plats; au fond, il lui fallait des soldats qui ne raisonnassent point, des troupes de ces combattants aveugles, de ces médiocres dont Hello parlait avec la rage d'un homme qui a subi leur joug; aussi le catholicisme s'était-il empressé d'écarter de ses feuilles l'un de ses partisans, un pamphlétaire enragé, qui écrivait une langue tout à la fois exaspérée et précieuse, coquebine et farouche, Léon Bloy, et avait-il jeté à la porte de ses librairies comme un pestiféré et comme un malpropre, un autre écrivain qui s'était pourtant égosillé à célébrer ses louanges, Barbey d'Aurevilly.

Il est vrai que celui-là était par trop compromettant et par trop peu docile; les autres courbaient, en somme, la tête sous les semonces, et rentraient dans le rang; lui, était l'enfant terrible et non reconnu du parti; il courait littérairement la fille, qu'il amenait toute dépoitraillée dans le sanctuaire. Il fallait même cet immense mépris dont le catholicisme couvre le talent, pour qu'une excommunication en bonne et due forme n'eût point mis hors la loi cet étrange serviteur qui, sous prétexte d'honorer ses maîtres, cassait les vitres de la chapelle, jonglait avec les saints ciboires, exécutait des danses de caractère autour du tabernacle.

Deux ouvrages de Barbey d'Aurevilly attisaient spécialement des Esseintes, Le Prêtre marié et Les Diaboliques. D'autres, tels que L'Ensorcelée, Le Chevalier des Touches, Une vieille maîtresse, étaient certainement plus pondérés et plus complets, mais ils laissaient plus froid des Esseintes qui ne s'intéressait réellement qu'aux oeuvres mal portantes, minées et irritées par la fièvre.

Avec ces volumes presque sains, Barbey d'Aurevilly avait constamment louvoyé entre ces deux fossés de la religion catholique qui arrivent à se joindre: le mysticisme et le sadisme.

Dans ces deux livres que feuilletait des Esseintes Barbey avait perdu toute prudence, avait lâché bride à sa monture, était parti, ventre à terre, sur les routes qu'il avait parcourues jusqu'à leurs points les plus extrêmes.

Toute la mystérieuse horreur du moyen âge planait au-dessus de cet invraisemblable livre Le Prêtre marié; la magie se mêlait à la religion, le grimoire à la prière, et, plus impitoyable, plus sauvage que le Diable, le Dieu du péché originel torturait sans relâche l'innocente Calixte, sa réprouvée, la désignant par une croix rouge au front, comme jadis il fit marquer par l'un de ses anges les maisons des infidèles qu'il voulait tuer.

Conçues par un moine à jeun, pris de délire, ces scènes se déroulaient dans le style capricant d'un agité; malheureusement parmi ces créatures détraquées ainsi que des Coppélia galvanisées d'Hoffmann, d'aucunes, telles que le Néel de Néhou, semblaient avoir été imaginées dans ces moments d'affaissement qui succèdent aux crises, et elles détonnaient dans cet ensemble de folie, ombre où elles apportaient l'involontaire comique que dégage la vue d'un petit seigneur de zinc, qui joue du cor, en bottes molles, sur le socle d'une pendule.

Après ces divagations mystiques, l'écrivain avait eu une période d'accalmie; puis une terrible rechute s'était produite. Cette croyance que l'homme est un âne de Buridan, un être tiraillé entre deux puissances d'égale force, qui demeurent, à tour de rôle, victorieuses de son âme et vaincues; cette conviction que la vie humaine n'est plus qu'un incertain combat livré entre l'enfer et le ciel; cette foi en deux entités contraires, Satan et le Christ, devaient fatalement engendrer ces discordes intérieures où l'âme, exaltée par une incessante lutte, échauffée en quelque sorte par les promesses et les menaces, finit par s'abandonner et se prostitue à celui des deux partis dont la poursuite a été la plus tenace.

Dans Le Prêtre marié, les louanges du Christ dont les tentations avaient réussi, étaient chantées par Barbey d'Aurevilly; dans Les Diaboliques, l'auteur avait cédé au Diable qu'il célébrait, et alors apparaissait le sadisme, ce bâtard du catholicisme, que cette religion a, sous toutes ses formes, poursuivi de ses exorcismes et de ses bûchers, pendant des siècles.

Cet état si curieux et si mal défini ne peut, en effet, prendre naissance dans l'âme d'un mécréant; il ne consiste point seulement à se vautrer parmi les excès de la chair, aiguisés par de sanglants sévices, car il ne serait plus alors qu'un écart des sens génésiques, qu'un cas de satyriasis arrivé à son point de maturité suprême; il consiste avant tout dans une pratique sacrilège, dans une rébellion morale, dans une débauche spirituelle, dans une aberration tout idéale, toute chrétienne; il réside aussi dans une joie tempérée par la crainte, dans une joie analogue à cette satisfaction mauvaise des enfants qui désobéissent et jouent avec des matières défendues, par ce seul motif que leurs parents leur en ont expressément interdit l'approche.

En effet, s'il ne comportait point un sacrilège, le sadisme n'aurait pas de raison d'être; d'autre part, le sacrilège qui découle de l'existence même d'une religion, ne peut être intentionnellement et pertinemment accompli que par un croyant, car l'homme n'éprouverait aucune allégresse à profaner une foi qui lui serait ou indifférente ou inconnue.

La force du sadisme, l'attrait qu'il présente, gît donc tout entier dans la jouissance prohibée de transférer à Satan les hommages et les prières qu'on doit à Dieu; il gît donc dans l'inobservance des préceptes catholiques qu'on suit même à rebours, en commettant, afin de bafouer plus gravement le Christ, les péchés qu'il a le plus expressément maudits: la pollution du culte et l'orgie charnelle.

Au fond, ce cas, auquel le marquis de Sade a légué son nom, était aussi vieux que l'église; il avait sévi dans le XVIIIe siècle, ramenant, pour ne pas remonter plus haut, par un simple phénomène d'atavisme, les pratiques impies du sabbat au moyen âge.

à avoir seulement consulté le Malleus maleficorum, ce terrible code de Jacob Sprenger, qui permit à l'église d'exterminer, par les flammes, des milliers de nécromans et de sorciers, des Esseintes reconnaissait, dans le sabbat, toutes les pratiques obscènes et tous les blasphèmes du sadisme. En sus des scènes immondes chères au Malin, des nuits successivement consacrées aux accouplements licites et indus des nuits ensanglantées par les bestialités du rut, il retrouvait la parodie des processions, les insultes et les menaces permanentes à Dieu, le dévouement à son Rival, alors qu'on célébrait, en maudissant le pain et le vin, la messe noire, sur le dos d'une femme, à quatre pattes, dont la croupe nue et constamment souillée servait d'autel et que les assistants communiaient, par dérision, avec une hostie noire dans la pâte de laquelle une image de bouc était empreinte.

Ce dégorgement d'impures railleries, de salissants opprobres était manifeste chez le marquis de Sade qui épiçait ses redoutables voluptés de sacrilèges outrages.

Il hurlait au ciel, invoquait Lucifer, traitait Dieu de méprisable, de scélérat, d'imbécile, crachait sur la communion, s'essayait à contaminer par de basses ordures une Divinité qu'il espérait vouloir bien le damner, tout en déclarant, pour la braver encore, qu'elle n'existait pas.

Cet état psychique, Barbey d'Aurevilly le côtoyait. S'il n'allait pas aussi loin que de Sade, en proférant d'atroces malédictions contre le Sauveur; si, plus prudent ou plus craintif, il prétendait toujours honorer l'église, il n'en adressait pas moins, comme au moyen âge, ses postulations au Diable et il glissait, lui aussi, afin d'affronter Dieu, à l'érotomanie démoniaque, forgeant des monstruosités sensuelles, empruntant même à La Philosophie dans le boudoir un certain épisode qu'il assaisonnait de nouveaux condiments, lorsqu'il écrivait ce conte: Le Dîner d'un athée.

Ce livre excessif délectait des Esseintes; aussi avait-il fait tirer, en violet d'évêque, dans un encadrement de pourpre cardinalice, sur un authentique parchemin que les auditeurs de Rote avaient béni, un exemplaire des Diaboliques imprimé avec ces caractères de civilité dont les croches biscornues, dont les paraphes en queues retroussées et en griffes, affectent une forme satanique.

Après certaines pièces de Baudelaire qui, à l'imitation des chants clamés pendant les nuits du sabbat, célébraient des litanies infernales, ce volume était, parmi toutes les oeuvres de la littérature apostolique contemporaine, le seul qui témoignât de cette situation d'esprit tout à la fois dévote et impie, vers laquelle les revenez-y du catholicisme, stimulés par les accès de la névrose, avaient souvent poussé des Esseintes.

Avec Barbey d'Aurevilly, prenait fin la série des écrivains religieux; à vrai dire, ce paria appartenait plus, à tous les points de vue, à la littérature séculière qu'à cette autre chez laquelle il revendiquait une place qu'on lui déniait; sa langue d'un romantisme échevelé, pleine de locutions torses, de tournures inusitées, de comparaisons outrées, enlevait, à coups de fouet, ses phrases qui pétaradaient, en agitant de bruyantes sonnailles, tout le long du texte. En somme, d'Aurevilly apparaissait, ainsi qu'un étalon, parmi ces hongres qui peuplent les écuries ultramontaines.

Des Esseintes se faisait ces réflexions, en relisant, çà et là, quelques passages de ce livre et, comparant ce style nerveux et varié au style lymphatique et fixé de ses confrères, il songeait aussi à cette évolution de la langue qu'a si justement révélée Darwin.

Mêlé aux profanes, élevé au milieu de l'école romantique, au courant des oeuvres nouvelles, habitué au commerce des publications modernes, Barbey était forcément en possession d'un dialecte qui avait supporté de nombreuses et profondes modifications, qui s'était renouvelé, depuis le grand siècle.

Confinés au contraire sur leur territoire, écroués dans d'identiques et d'anciennes lectures, ignorant le mouvement littéraire des siècles et bien décidés, au besoin, à se crever les yeux pour ne pas le voir, les ecclésiastiques employaient nécessairement une langue immuable, comme cette langue du XVIIIe, siècle que les descendants des Français établis au Canada parlent et écrivent couramment encore, sans qu'aucune sélection de tournures ou de mots ait pu se produire dans leur idiome isolé de l'ancienne métropole et enveloppé, de tous les côtés, par la langue anglaise.

Sur ces entrefaites, le son argentin d'une cloche qui tintait un petit angélus, annonça à des Esseintes que le déjeuner était prêt. Il laissa là ses livres, s'essuya le front et se dirigea vers la salle à manger, se disant que, parmi tous ces volumes qu'il venait de ranger, les oeuvres de Barbey d'Aurevilly étaient encore les seules dont les idées et le style présentassent ces faisandages, ces taches morbides, ces épidermes talés et ce goût blet, qu'il aimait tant à savourer parmi les écrivains décadents, latins et monastiques des vieux âges.

Chapitre 13

La saison allait en se détraquant; toutes se confondaient, cette année-là; après les rafales et les brumes, des ciels chauffés à blanc, tels que des plaques de tôle, sortirent de l'horizon. En deux jours, sans aucune transition, au froid humide des brouillards, au ruissellement des pluies, succéda une chaleur torride, une atmosphère d'une lourdeur atroce. Attisé comme par de furieux ringards, le soleil s'ouvrit, en gueule de four, dardant une lumière presque blanche qui brûlait la vue; une poussière de flammes s'éleva des routes calcinées, grillant les arbres secs, rissolant les gazons jaunis; la réverbération des murs peints au lait de chaux, les foyers allumés sur le zinc des toits et sur les vitres des fenêtres, aveugla; une température de fonderie en chauffe pesa sur le logis de des Esseintes.

à moitié nu, il ouvrit une croisée, reçut une bouffée de fournaise en pleine face; la salle à manger, où il se réfugia, était ardente, et l'air raréfié bouillait. Il s'assit, désolé, car la surexcitation qui le soutenait, depuis qu'il se plaisait à rêvasser, en classant ses livres, avait pris fin.

Semblable à tous les gens tourmentés par la névrose, la chaleur l'écrasait; l'anémie, maintenue par le froid, reprenait son cours, affaiblissant le corps débilité par d'abondantes sueurs.

La chemise collée au dos trempé, le périnée humide, les jambes et les bras moites, le front inondé, découlant en larmes salées le long des joues, des Esseintes gisait anéanti, sur sa chaise; à ce moment, la vue de la viande déposée sur la table, lui souleva le coeur; il prescrivit qu'on la fît disparaître, commanda des oeufs à la coque, tenta d'avaler des mouillettes, mais elles lui barrèrent la gorge; des nausées lui venaient aux lèvres; il but quelques gouttes de vin qui lui piquèrent, comme des pointes de feu, l'estomac. Il s'étancha la figure; la sueur, tout à l'heure tiède, fluait, maintenant froide, le long des tempes; il se prit à sucer quelques morceaux de glace, pour tromper le mal de coeur; ce fut en vain.

Un affaissement sans bornes le coucha contre la table; manquant d'air, il se leva, mais les mouillettes avaient gonflé, et remontaient lentement dans le gosier qu'elles obstruaient. Jamais il ne s'était senti aussi inquiet, aussi délabré, aussi mal à l'aise; avec cela, ses yeux se troublèrent, il vit les objets doubles, tournant sur eux-mêmes; bientôt les distances se perdirent; son verre lui parut à une lieue de lui; il se disait bien qu'il était le jouet d'illusions sensorielles et il était incapable de réagir; il fut s'étendre sur le canapé du salon, mais alors un tangage de navire en marche le berça et le mal de coeur s'accrut; il se releva, et résolut de précipiter par un digestif ces oeufs qui l'étouffaient.

Il regagna la salle à manger et mélancoliquement se compara, dans cette cabine, aux passagers atteints du mal de mer; il se dirigea, en trébuchant, vers l'armoire, examina l'orgue à bouche, ne l'ouvrit point, et saisit sur le rayon, plus haut, une bouteille de bénédictine qu'il gardait, à cause de sa forme qui lui semblait suggestive en pensées tout à la fois doucement luxurieuses et vaguement mystiques.

Mais, pour l'instant, il demeurait indifférent, regardant d'un oeil atone cette bouteille trapue, d'un vert sombre, qui, à d'autres moments, évoquait, en lui, les prieurés du moyen âge, avec son antique panse monacale, sa tête et son col vêtus d'une capuche de parchemin, son cachet de cire rouge écartelé de trois mitres d'argent sur champ d'azur et scellé, au goulot, ainsi qu'une bulle, par des liens de plomb, avec son étiquette écrite en un latin retentissant, sur un papier jauni et comme déteint par les temps: liquor Monachorum Benedictinorum Abbatiae Fiscanensis.

Sous cette robe toute abbatiale, signée d'une croix et des initiales ecclésiastiques: D.O.M.; serrée dans ses parchemins et dans ses ligatures, de même qu'une authentique charte, dormait une liqueur couleur de safran, d'une finesse exquise. Elle distillait un arôme quintessencié d'angélique et d'hysope mêlées à des herbes marines aux iodes et aux bromes alanguis par des sucres, et elle stimulait le palais avec une ardeur spiritueuse dissimulée sous une friandise toute virginale, toute novice, flattait l'odorat par une pointe de corruption enveloppée dans une caresse tout à la fois enfantine et dévote.

Cette hypocrisie qui résultait de l'extraordinaire désaccord établi entre le contenant et le contenu, entre le contour liturgique du flacon et son âme, toute féminine, toute moderne, l'avait jadis fait rêver; enfin il avait longuement aussi songé devant cette bouteille aux moines mêmes qui la vendaient, aux bénédictins de l'abbaye de Fécamp qui, appartenant à cette congrégation de Saint-Maur, célèbre par ses travaux d'histoire, militaient sous la règle de saint Benoît, mais ne suivaient point les observances des moines blancs de Cîteaux et des moines noirs de Cluny. Invinciblement, ils lui apparaissaient, ainsi qu'au moyen âge, cultivant des simples, chauffant des cornues, résumant dans des alambics de souveraines panacées, d'incontestables magistères.

Il but une goutte de cette liqueur et il éprouva, durant quelques minutes, un soulagement; mais bientôt ce feu qu'une larme de vin avait allumé dans ses entrailles, se raviva. Il jeta sa serviette, revint dans son cabinet, se promena de long en large; il lui semblait être sous une cloche pneumatique où le vide se faisait à mesure, et une défaillance d'une douceur atroce lui coulait du cerveau par tous les membres. Il se roidit et, n'y tenant plus, pour la première fois peut-être depuis son arrivée à Fontenay, il se réfugia dans son jardin et s'abrita sous un arbre d'où tombait une rondelle d'ombre. Assis sur le gazon, il regarda, d'un air hébété, les carrés de légumes que les domestiques avaient plantés. Il les regardait et ce ne fut qu'au bout d'une heure qu'il les aperçut, car un brouillard verdâtre flottait devant ses yeux et ne lui laissait voir, comme au fond de l'eau, que des images indécises dont l'aspect et les tons changeaient.

à la fin pourtant, il reprit son équilibre, il distingua nettement des oignons et des choux; plus loin, un champ de laitue et, au fond, tout le long de la haie, une série de lys blancs immobiles dans l'air lourd.

Un sourire lui plissa les lèvres, car subitement il se rappelait l'étrange comparaison du vieux Nicandre qui assimilait, au point de vue de la forme, le pistil des lys aux génitoires d'un âne, et un passage d'Albert le Grand lui revenait également, celui où ce thaumaturge enseigne un bien singulier moyen de connaître, en se servant d'une laitue, si une fille est encore vierge.

Ces souvenirs l'égayèrent un peu; il examina le jardin, s'intéressant aux plantes flétries par la chaleur, et aux terres ardentes qui fumaient dans la pulvérulence embrasée de l'air; puis, au-dessus de la haie séparant le jardin en contrebas de la route surélevée montant au fort, il aperçut des gamins qui se roulaient, en plein soleil, dans la lumière.

Il concentrait son attention sur eux quand un autre, plus petit, parut, sordide à voir; il avait des cheveux de varech remplis de sable, deux bulles vertes au-dessous du nez, des lèvres dégoûtantes, entourées de crasse blanche par du fromage à la pie écrasé sur du pain et semé de hachures de ciboule verte.

Des Esseintes huma l'air; un pica, une perversion s'empara de lui; cette immonde tartine lui fit venir l'eau à la bouche. Il lui sembla que son estomac, qui se refusait à toute nourriture, digérerait cet affreux mets et que son palais en jouirait comme d'un régal.

Il se leva d'un bond, courut à la cuisine, ordonna de chercher dans le village, une miche, du fromage blanc, de la ciboule, prescrivit qu'on lui apprêtât une tartine absolument pareille à celle que rongeait l'enfant, et il retourna s'asseoir sous son arbre.

Les marmots se battaient maintenant. Ils s'arrachaient des lambeaux de pain qu'ils s'enfonçaient, dans les joues, en se suçant les doigts. Des coups de pied et des coups de poing pleuvaient et les plus faibles, foulés par terre, ruaient, et pleuraient, le derrière raboté par les caillasses.

Ce spectacle ranima des Esseintes; l'intérêt qu'il prit à ce combat détournait ses pensées de son mal; devant l'acharnement de ces méchants mômes, il songea à la cruelle et abominable loi de la lutte pour l'existence, et bien que ces enfants fussent ignobles, il ne put s'empêcher de s'intéresser à leur sort et de croire que mieux eût valu pour eux que leur mère n'eût point mis bas.

En effet, c'était de la gourme, des coliques et des fièvres, des rougeoles et des gifles dès le premier âge; des coups de bottes et des travaux abêtissants, vers les treize ans; des duperies de femmes, des maladies et des cocuages dès l'âge d'homme;

c'était aussi, vers le déclin, des infirmités et des agonies, dans un dépôt de mendicité ou dans un hospice.

Et l'avenir était, en somme, égal pour tous et, ni les uns, ni les autres, s'ils avaient eu un peu de bon sens, n'auraient pu s'envier. Pour les riches, c'étaient dans un milieu différent, les mêmes passions, les mêmes tracas, les mêmes peines, les mêmes maladies, et c'étaient aussi, les mêmes jouissances médiocres, qu'elles fussent alcooliques, littéraires ou charnelles. Il y avait même une vague compensation à tous les maux, une sorte de justice qui rétablissait l'équilibre du malheur entre les classes, en dispensant plus aisément les pauvres des souffrances physiques qui accablaient plus implacablement le corps plus débile et plus émacié des riches.

Quelle folie que de procréer des gosses! pensait des Esseintes. Et dire que les ecclésiastiques qui ont fait voeu de stérilité ont poussé l'inconséquence jusqu'à canoniser saint Vincent de Paul parce qu'il réservait pour d'inutiles tortures des innocents!

Grâce à ses odieuses précautions, celui-là avait reculé, pendant des années, la mort d'êtres inintelligents et insensibles, de telle façon que, devenus, plus tard, presque compréhensifs et, en tout cas, aptes à la douleur, ils pussent prévoir l'avenir, attendre et redouter cette mort dont ils ignoraient naguère jusqu'au nom, quelques-uns même, l'appeler, en haine de cette condamnation à l'existence qu'il leur infligeait en vertu d'un code théologique absurde!

Et depuis que ce vieillard était décédé, ses idées avaient prévalu; on recueillait des enfants abandonnés au lieu de les laisser doucement périr sans qu'ils s'en aperçussent, et cependant cette vie qu'on leur conservait, devenait, de jours en jours, plus rigoureuse et plus aride!

Sous prétexte de liberté et de progrès, la Société avait encore découvert le moyen d'aggraver la misérable condition de l'homme, en l'arrachant à son chez lui, en l'affublant d'un costume ridicule, en lui distribuant des armes particulières, en l'abrutissant sous un esclavage identique à celui dont on avait jadis affranchi, par compassion, les nègres, et tout cela pour le mettre à même d'assassiner son prochain, sans risquer l'échafaud, comme les ordinaires meurtriers qui opèrent, seuls, sans uniformes, avec des armes moins bruyantes et moins rapides.

Quelle singulière époque, se disait des Esseintes, que celle qui, tout en invoquant les intérêts de l'humanité, cherche à perfectionner les anesthésiques pour supprimer la souffrance physique et prépare, en même temps, de tels stimulants pour aggraver la douleur morale!

Ah! si jamais, au nom de la pitié, l'inutile procréation devait être abolie, c'était maintenant! Mais ici, encore, les lois édictées par des Portalis ou des Homais apparaissaient, féroces et étranges.

La Justice trouvait toutes naturelles les fraudes en matière de génération; c'était un fait, reconnu, admis il n'était point de ménage, si riche qu'il fût, qui ne confiât ses enfants à la lessive ou qui n'usât d'artifices qu'on vendait librement et qu'il ne serait d'ailleurs venu à l'esprit de personne, de réprouver. Et pourtant, si ces réserves ou si ces subterfuges demeuraient insuffisants, si la fraude ratait et, qu'afin de la réparer, l'on recourût à des mesures plus efficaces, ah! alors, il n'y avait pas assez de prisons, pas assez de maisons centrales, pas assez de bagnes, pour enfermer les gens que condamnaient, de bonne foi, du reste, d'autres individus qui, le soir même, dans le lit conjugal, trichaient de leur mieux pour ne pas enfanter des mômes!

La supercherie elle-même n'était donc pas un crime, mais la réparation de cette supercherie en était un.

En somme, pour la Société, était réputé crime l'acte qui consistait à tuer un être doué de vie; et cependant, en expulsant un foetus, on détruisait un animal, moins formé, moins vivant, et, à coup sûr, moins intelligent et plus laid qu'un chien ou qu'un chat qu'on peut se permettre impunément d'étrangler dès sa naissance!

Il est bon d'ajouter, pensait des Esseintes, que, pour plus d'équité, ce n'est point l'homme maladroit, qui s'empresse généralement de disparaître, mais bien la femme, victime de la maladresse, qui expie le forfait d'avoir sauvé de la vie un innocent!

Fallait-il, tout de même, que le monde fût rempli de préjugés pour vouloir réprimer des manoeuvres si naturelles, que l'homme primitif, que le sauvage de la Polynésie est amené à les pratiquer, par le fait de son seul instinct!

Le domestique interrompit les charitables réflexions que ruminait des Esseintes, en lui apportant sur un plat de vermeil la tartine qu'il avait souhaitée. Un haut de coeur le tordit; il n'eut pas le courage de mordre ce pain, car l'excitation maladive de l'estomac avait cessé; une sensation de délabrement affreux lui revenait; il dut se lever; le soleil tournait et gagnait peu à peu sa place; la chaleur devenait à la fois plus pesante et plus active.

- Jetez cette tartine, dit-il au domestique, à ces enfants qui se massacrent sur la route; que les plus faibles soient estropiés, n'aient part à aucun morceau et soient, de plus, rossés d'importance par leurs familles quand ils rentreront chez elles les culottes déchirées et les yeux meurtris; cela leur donnera un aperçu de la vie qui les attend! Et il rejoignit sa maison et s'affaissa, défaillant, dans un fauteuil.

- Il faut pourtant que j'essaie de manger un peu, se dit-il. Et il tenta de tremper un biscuit dans un vieux Constantia de J.-P. Cloete, dont il lui restait en cave quelques bouteilles.

Ce vin, couleur de pelure d'oignons un tantinet brûlé, tenant du Malaga rassis et du Porto, mais avec un bouquet sucré, spécial, et un arrière-goût de raisins aux sucs condensés et sublimés par d'ardents soleils, l'avait parfois réconforté, et souvent même avait infusé une énergie nouvelle à son estomac affaibli par les jeûnes forcés qu'il subissait; mais ce cordial, d'ordinaire si fidèle, échoua. Alors, il espéra qu'un émollient refroidirait peut-être les fers chauds qui le brûlaient, et il recourut au Nalifka, une liqueur russe, contenue dans une bouteille glacée d'or mat; ce sirop onctueux et framboisé fut, lui aussi, inefficace. Hélas! le temps était loin, où, jouissant d'une bonne santé, des Esseintes montait, chez lui, en pleine canicule, dans un traîneau, et, là, enveloppé de fourrures, les ramenant sur sa poitrine, s'efforçait de grelotter, se disait, en s'étudiant à claquer des dents: - Ah! ce vent est glacial, mais on gèle ici, on gèle! parvenait presque à se convaincre qu'il faisait froid!

Ces remèdes n'agissaient malheureusement plus depuis que ses maux devenaient réels.

Il n'avait point, avec cela, la ressource d'employer le laudanum; au lieu de l'apaiser, ce calmant l'irritait jusqu'à le priver de repos. Jadis, il avait voulu se procurer avec l'opium et le haschisch des visions, mais ces deux substances avaient amené des vomissements et des perturbations nerveuses intenses; il avait dû, tout aussitôt, renoncer à les absorber et, sans le secours de ces grossiers excitants, demander à sa cervelle seule, de l'emporter loin de la vie, dans les rêves.

Quelle journée! se disait-il, maintenant, s'épongeant le cou, sentant ce qui pouvait lui rester de forces, se dissoudre en de nouvelles sueurs; une agitation fébrile l'empêchait encore de demeurer en place; une fois de plus, il errait au travers de ses pièces, essayant, les uns après les autres, tous les sièges. De guerre lasse, il finit par s'abattre devant son bureau et, appuyé sur la table, machinalement, sans songer à rien, il mania un astrolabe placé, en guise de presse-papier, sur un amas de livres et de notes.

Il avait acheté cet instrument en cuivre gravé et doré, d'origine allemande et datant du XVIIe siècle, chez un brocanteur de Paris, après une visite au Musée de Cluny, où longuement il s'était pâmé devant un merveilleux astrolabe, en ivoire ciselé, dont l'allure cabalistique l'avait ravi.

Ce presse-papier remua, en lui, tout un essaim de réminiscences. Déterminée et mue par l'aspect de ce joyau, sa pensée partit de Fontenay, pour Paris, chez le bric-à-brac qui l'avait vendu, puis rétrograda jusqu'au Musée des Thermes et, mentalement, il revit l'astrolabe d'ivoire, alors que ses yeux continuaient à considérer, mais sans plus le voir, l'astrolabe de cuivre, sur sa table. Puis, il sortit du Musée et, sans quitter la ville, flâna en chemin, vagabonda par la rue du Sommerard et le boulevard Saint-Michel, s'embrancha dans les rues avoisinantes et s'arrêta devant certaines boutiques dont la fréquence et dont la tenue toute spéciale l'avaient maintes fois frappé.

Commencé à propos d'un astrolabe, ce voyage spirituel aboutissait aux caboulots du quartier Latin.

Il se rappelait la foison de ces établissements, dans toute la rue Monsieur-le-Prince et dans ce bout de la rue de Vaugirard qui touche à l'Odéon; parfois, ils se suivaient, ainsi que les anciens riddecks de la rue du Canal-aux-Harengs, d'Anvers, s'étalaient, à la queue leu leu, surmontant les trottoirs de devantures presque semblables.

Au travers des portes entrouvertes et des fenêtres mal obs-
curcies par des carreaux de couleur ou par des rideaux, il se
souvenait d'avoir entrevu des femmes qui marchaient, en se
traînant et en avançant le cou, comme font les oies; d'autres,
prostrées sur des banquettes, usaient leurs coudes au marbre
des tables et ruminaient, en chantonnant, les tempes entre les
poings; d'autres encore se dandinaient devant des glaces, en
pianotant, du bout des doigts, leurs faux cheveux lustrés par
un coiffeur; d'autres enfin tiraient d'escarcelles aux ressorts
dérangés, des piles de pièces blanches et de sous qu'elles alignaient, méthodiquement, en des petits tas.

La plupart avaient des traits massifs, des voix enrouées, des
gorges molles et des yeux peints, et toutes, pareilles à des au-
tomates remontés à la fois par la même clef, lançaient du
même ton les mêmes invites, débitaient avec le même sourire
les mêmes propos biscornus, les mêmes réflexions baroques.

Des associations d'idées se formaient dans l'esprit de des Esseintes qui arrivait à une conclusion, maintenant qu'il embras-
sait par le souvenir, à vol d'oiseau, ces tas d'estaminets et de
rues.

Il comprenait la signification de ces cafés qui répondaient à
l'état d'âme d'une génération tout entière, et il en dégageait la
synthèse de l'époque.

Et, en effet, les symptômes étaient manifestes et certains; les
maisons de tolérance disparaissaient, et à mesure que l'une
d'elles se fermait, un caboulot opérait son ouverture.

Cette diminution de la prostitution soumise au profit des
amours clandestines, résidait évidemment dans les incompréhensibles illusions des hommes, au point de vue charnel.

Si monstrueux que cela pût paraître, le caboulot satisfaisait
un idéal.

Bien que les penchants utilitaires transmis par l'hérédité et
développés par les précoces impolitesses et les constantes brutalités des collèges, eussent rendu la jeunesse contemporaine
singulièrement mal élevée et aussi singulièrement positive et
froide, elle n'en avait pas moins gardé, au fond du coeur, une
vieille fleur bleue, un vieil idéal d'une affection rance et vague.

Aujourd'hui, quand le sang la travaillait, elle ne pouvait se résoudre à entrer, à consommer, à payer et à sortir; c'était, à ses
yeux, de la bestialité, du rut de chien couvrant sans

préambules une chienne; puis la vanité fuyait, inassouvie, de ces maisons tolérées où il n'y avait eu, ni simulacre de résistance, ni semblant de victoire, ni préférence espérée, ni même de largesse obtenue de la part de la marchande qui aurait ses tendresses, suivant les prix. Au contraire, la cour faite à une fille de brasserie, ménageait toutes les susceptibilités de l'amour, toutes les délicatesses du sentiment. Celle-là, on se la disputait, et ceux auxquels elle consentait à octroyer, moyennant de copieux salaires, un rendez-vous, s'imaginaient, de bonne foi, l'avoir emporté sur un rival, être l'objet d'une distinction honorifique, d'une faveur rare.

Cependant, cette domesticité était aussi bête, aussi intéressée, aussi vile et aussi repue que celle qui desservait les maisons à numéros. Comme elle, elle buvait sans soif, riait sans motif, raffolait des caresses d'un blousier, s'insultait et se crêpait le chignon, sans cause; malgré tout, depuis le temps, la jeunesse parisienne ne s'était pas encore aperçue que les bonnes des caboulots étaient, au point de vue de la beauté plastique, au point de vue des attitudes savantes et des atours nécessaires bien inférieures aux femmes enfermées dans des salons de luxe! Mon Dieu, se disait des Esseintes, qu'ils sont donc godiches ces gens qui papillonnent autour des brasseries; car, en sus de leurs ridicules illusions, ils en viennent même à oublier le péril des appâts dégradés et suspects, à ne plus tenir compte de l'argent dépensé dans un nombre de consommations tarifé d'avance par la patronne, du temps perdu à attendre une livraison différée pour en augmenter le prix, des atermoiements répétés pour décider et activer le jeu des pourboires!

Ce sentimentalisme imbécile combiné avec une férocité pratique, représentait la pensée dominante du siècle; ces mêmes gens qui auraient éborgné leur prochain, pour gagner dix sous, perdaient toute lucidité, tout flair, devant ces louches cabaretières qui les harcelaient sans pitié et les rançonnaient sans trêve. Des industries travaillaient, des familles se grugeaient entre elles sous prétexte de commerce, afin de se laisser chiper de l'argent par leurs fils qui se laissaient, à leur tour, escroquer par ces femmes que dépouillaient, en dernier ressort, les amants de coeur.

Dans tout Paris, de l'est à l'ouest, et du nord au sud, c'était une chaîne ininterrompue de carottes, un carambolage de vols organisés qui se répercutait de proche en proche, et tout cela parce qu'au lieu de contenter les gens tout de suite, on savait les faire patienter et les faire attendre.

Au fond, le résumé de la sagesse humaine consistait à traîner les choses en longueur; à dire non puis enfin oui; car l'on ne maniait vraiment les générations qu'en les lanternant!

- Ah! s'il en était de même de l'estomac, soupira des Esseintes, tordu par une crampe qui ramenait vivement son esprit égaré au loin, à Fontenay.

Chapitre 14

Cahin-caha, quelques jours s'écoulèrent, grâce à des ruses qui réussirent à leurrer la défiance de l'estomac, mais un matin, les marinades qui masquaient l'odeur de graisse et le fumet de sang des viandes ne furent plus acceptées et des Esseintes anxieux, se demanda si sa faiblesse déjà grande, n'allait pas s'accroître et l'obliger à garder le lit. Une lueur jaillit soudain dans sa détresse; il se rappela que l'un de ses amis, jadis bien malade, était parvenu, à l'aide d'un sustenteur, à enrayer l'anémie, à maintenir le dépérissement, à conserver son peu de force.

Il dépêcha son domestique à Paris, à la recherche de ce précieux instrument et, d'après le prospectus que le fabricant y joignit, il enseigna lui-même à la cuisinière la façon de couper le rosbif en petits morceaux, de le jeter à sec, dans cette marmite d'étain, avec une tranche de poireau et de carotte, puis de visser le couvercle et de mettre le tout bouillir, au bain-marie, pendant quatre heures.

Au bout de ce temps, on pressait les filaments et l'on buvait une cuillerée du jus bourbeux et salé, déposé au fond de la marmite. Alors, on sentait comme une tiède moelle, comme une caresse veloutée, descendre.

Cette essence de nourriture arrêtait les tiraillements et les nausées du vide, incitait même l'estomac qui ne se refusait pas à accepter quelques cuillerées de soupe.

Grâce à ce sustenteur, la névrose stationna, et des Esseintes se dit: - C'est toujours autant de gagné; peut-être que la température changera, que le ciel versera un peu de cendre sur cet exécrable soleil qui m'épuise, et que j'atteindrai ainsi, sans trop d'encombre, les premiers brouillards et les premiers froids.

Dans cet engourdissement, dans cet ennui désoeuvré où il plongeait, sa bibliothèque dont le rangement demeurait inachevé, l'agaça; ne bougeant plus de son fauteuil, il avait constamment sous les yeux ses livres profanes, posés de guingois sur les tablettes, empiétant les uns sur les autres, s'étayant entre eux ou gisant de même que des capucins de cartes, sur le flanc, à plat; ce désordre le choqua d'autant plus qu'il contrastait avec le parfait équilibre des oeuvres religieuses, soigneusement alignées à la parade, le long des murs.

Il tenta de faire cesser cette confusion, mais après dix minutes de travail, des sueurs l'inondèrent; cet effort l'épuisait; il fut s'étendre, brisé, sur un divan, et il sonna son domestique.

Sur ses indications, le vieillard se mit à l'oeuvre, lui apportant, un à un, les livres qu'il examinait et dont il désignait la place.

Cette besogne fut de courte durée, car la bibliothèque de des Esseintes ne renfermait qu'un nombre singulièrement restreint d'oeuvres laïques, contemporaines.

À force de les avoir passées, dans son cerveau, comme on passe des bandes de métal dans une filière d'acier d'où elles sortent ténues, légères, presque réduites en d'imperceptibles fils, il avait fini par ne plus posséder de livres qui résistassent à un tel traitement et fussent assez solidement trempés pour supporter le nouveau laminoir d'une lecture; à avoir ainsi voulu raffiner, il avait restreint et presque stérilisé toute jouissance, en accentuant encore l'irrémédiable conflit qui existait entre ses idées et celles du monde où le hasard l'avait fait naître. Il était arrivé maintenant à ce résultat, qu'il ne pouvait plus découvrir un écrit qui contentât ses secrets désirs; et même son admiration se détachait des volumes qui avaient certainement contribué à lui aiguiser l'esprit, à le rendre aussi soupçonneux et aussi subtil.

En art, ses idées étaient pourtant parties d'un point de vue simple; pour lui, les écoles n'existaient point; seul le tempérament de l'écrivain importait; seul le travail de sa cervelle intéressait, quel que fût le sujet qu'il abordât. Malheureusement, cette vérité d'appréciation, digne de La Palisse, était à peu près inapplicable, par ce simple motif que, tout en désirant se dégager des préjugés, s'abstenir de toute passion, chacun va de préférence aux oeuvres qui correspondent le plus intimement à son propre tempérament et finit par reléguer en arrière toutes les autres.

Ce travail de sélection s'était lentement opéré en lui; il avait naguère adoré le grand Balzac, mais en même temps que son organisme s'était déséquilibré, que ses nerfs avaient pris le dessus, ses inclinations s'étaient modifiées et ses admirations avaient changé. Bientôt même, et quoiqu'il se rendît compte de son injustice envers le prodigieux auteur de La Comédie humaine, il en était venu à ne plus ouvrir ses livres dont l'art valide le froissait; d'autres aspirations l'agitaient maintenant, qui devenaient, en quelque sorte, indéfinissables.

En se sondant bien, néanmoins, il comprenait d'abord que, pour l'attirer, une oeuvre devait revêtir ce caractère d'étrangeté que réclamait Edgar Poe, mais il s'aventurait volontiers plus loin, sur cette route et appelait des flores byzantines de cervelle et des déliquescences compliquées de langue; il souhaitait une indécision troublante sur laquelle il pût rêver, jusqu'à ce qu'il la fît, à sa volonté, plus vague ou plus ferme selon l'état momentané de son âme. Il voulait, en somme, une oeuvre d'art et pour ce qu'elle était par elle-même et pour ce qu'elle pouvait permettre de lui prêter, il voulait aller avec elle, grâce à elle, comme soutenu par un adjuvant, comme porté par un véhicule, dans une sphère où les sensations sublimées lui imprimeraient une commotion inattendue et dont il chercherait longtemps et même vainement à analyser les causes.

Enfin, depuis son départ de Paris, il s'éloignait, de plus en plus, de la réalité et surtout du monde contemporain qu'il tenait en une croissante horreur; cette haine avait forcément agi sur ses goûts littéraires et artistiques, et il se détournait le plus possible des tableaux et des livres dont les sujets délimités se reléguaient dans la vie moderne.

Aussi, perdant la faculté d'admirer indifféremment la beauté sous quelque forme qu'elle se présente, préférait-il, chez Flaubert, La Tentation de saint Antoine à L'éducation sentimentale; chez de Goncourt, La Faustin à Germinie Lacerteux; chez Zola, La Faute de l'abbé Mouret à L'Assommoir.

Ce point de vue lui paraissait logique; ces oeuvres moins immédiates, mais aussi vibrantes, aussi humaines, le faisaient pénétrer plus loin dans le tréfonds du tempérament de ces maîtres qui livraient avec un plus sincère abandon les élans les plus mystérieux de leur être, et elles l'enlevaient, lui aussi, plus haut que les autres, hors de cette vie triviale dont il était si las.

Puis il entrait, avec elles, en complète communion d'idées avec les écrivains qui les avaient conçues, parce qu'ils s'étaient alors trouvés dans une situation d'esprit analogue à la sienne.

En effet, lorsque l'époque où un homme de talent est obligé de vivre, est plate et bête, l'artiste est, à son insu même, hanté par la nostalgie d'un autre siècle.

Ne pouvant s'harmoniser qu'à de rares intervalles avec le milieu où il évolue; ne découvrant plus dans l'examen de ce milieu et des créatures qui le subissent, des jouissances d'observation et d'analyse suffisantes à le distraire, il sent sourdre et éclore en lui de particuliers phénomènes. De confus désirs de migration se lèvent qui se débrouillent dans la réflexion et dans l'étude. Les instincts, les sensations, les penchants légués par l'hérédité se réveillent, se déterminent, s'imposent avec une impérieuse assurance. Il se rappelle des souvenirs d'êtres et de choses qu'il n'a pas personnellement connus, et il vient un moment où il s'évade violemment du pénitencier de son siècle et rôde, en toute liberté, dans une autre époque avec laquelle, par une dernière illusion, il lui semble qu'il eût été mieux en accord.

Chez les uns, c'est un retour aux âges consommés, aux civilisations disparues, aux temps morts; chez les autres, c'est un élancement vers le fantastique et vers le rêve, c'est une vision plus ou moins intense d'un temps à éclore dont l'image reproduit, sans qu'il le sache, par un effet d'atavisme, celle des époques révolues.

Chez Flaubert, c'étaient des tableaux solennels et immenses, des pompes grandioses dans le cadre barbare et splendide desquels gravitaient des créatures palpitantes et délicates, mystérieuses et hautaines, des femmes pourvues, dans la perfection de leur beauté, d'âmes en souffrance, au fond desquelles il discernait d'affreux détraquements, de folles aspirations, désolées qu'elles étaient déjà par la menaçante médiocrité des plaisirs qui pouvaient naître.

Tout le tempérament du grand artiste éclatait en ces incomparables pages de La Tentation de saint Antoine et de Salammbô où, loin de notre vie mesquine, il évoquait les éclats asiatiques des vieux âges, leurs éjaculations et leurs abattements mystiques, leurs démences oisives, leurs férocités commandées par ce lourd ennui qui découle, avant même qu'on les ait épuisées, de l'opulence et de la prière.

Chez de Goncourt, c'était la nostalgie du siècle précédent, un retour vers les élégances d'une société à jamais perdue. Le gigantesque décor des mers battant les môles, des déserts se déroulant à perte de vue sous de torrides firmaments, n'existait pas dans son oeuvre nostalgique qui se confinait, près d'un parc aulique, dans un boudoir attiédi par les voluptueux effluves d'une femme au sourire fatigué, à la moue perverse, aux prunelles irrésignées et pensives. L'âme dont il animait ses personnages, n'était plus cette âme insufflée par Flaubert à ses créatures, cette âme révoltée d'avance par l'inexorable certitude qu'aucun bonheur nouveau n'était possible; c'était une âme révoltée après coup, par l'expérience, de tous les inutiles efforts qu'elle avait tentés pour inventer des liaisons spirituelles plus inédites et pour remédier à cette immémoriale jouissance qui se répercute, de siècles en siècles, dans l'assouvissement plus ou moins ingénieux des couples.

Bien qu'elle vécût parmi nous et qu'elle fût bien et de vie et de corps de notre temps, la Faustin était, par les influences ancestrales, une créature du siècle passé, dont elle avait les épices d'âme, la lassitude cérébrale, l'excédement sensuel.

Ce livre d'Edmond de Goncourt était l'un des volumes les plus caressés par des Esseintes; et, en effet, cette suggestion au rêve qu'il réclamait, débordait de cette oeuvre où sous la ligne écrite, perçait une autre ligne visible à l'esprit seul, indiquée par un qualificatif qui ouvrait des échappées de passion, par une réticence qui laissait deviner des infinis d'âme qu'aucun idiome n'eût pu combler; puis, ce n'était plus la langue de Flaubert, cette langue d'une inimitable magnificence, c'était un style perspicace et morbide, nerveux et retors, diligent à noter l'impalpable impression qui frappe les sens et détermine la sensation, un style expert à moduler les nuances compliquées d'une époque qui était par elle-même singulièrement complexe. En somme, c'était le verbe indispensable aux civilisations décrépites qui, pour l'expression de leurs besoins, exigent, à quelque âge qu'elles se produisent, des acceptions, des tournures, des fontes nouvelles et de phrases et de mots.

À Rome, le paganisme mourant avait modifié sa prosodie, transmué sa langue, avec Ausone, avec Claudien, avec Rutilius dont le style attentif et scrupuleux, capiteux et sonnant, présentait, surtout dans ses parties descriptives de reflets, d'ombres, de nuances, une nécessaire analogie avec le style des de Goncourt.

À Paris, un fait unique dans l'histoire littéraire s'était produit; cette société agonisante du XVIIIe siècle, qui avait eu des peintres, des sculpteurs, des musiciens, des architectes, pénétrés de ses goûts, imbus de ses doctrines, n'avait pu façonner un réel écrivain qui rendît ses élégances moribondes, qui exprimât le suc de ses joies fébriles, si durement expiées; il avait fallu attendre l'arrivée de de Goncourt, dont le tempérament était fait de souvenirs, de regrets avivés encore par le douloureux spectacle de la misère intellectuelle et des basses aspirations de son temps, pour Que, non seulement dans ses livres d'histoire, mais encore dans une oeuvre nostalgique comme La Faustin, il pût ressusciter l'âme même de cette époque, incarner ses nerveuses délicatesses dans cette actrice, si tourmentée à se presser le coeur et à s'exacerber le cerveau, afin de savourer jusqu'à l'épuisement, les douloureux révulsifs de l'amour et de l'art!

Chez Zola, la nostalgie des au-delà était différente. Il n'y avait en lui aucun désir de migration vers les régimes disparus, vers les univers égarés dans la nuit des temps; son tempérament, puissant, solide, épris des luxuriances de la vie, des forces sanguines, des santés morales, le détournait des grâces artificielles et des chloroses fardées du dernier siècle, ainsi que de la solennité hiératique, de la férocité brutale et des rêves efféminés et ambigus du vieil Orient. Le jour où, lui aussi, il avait été obsédé par cette nostalgie, par ce besoin qui est en somme la poésie même, de fuir loin de ce monde contemporain qu'il étudiait, il s'était rué dans une idéale campagne, où la sève bouillait au plein soleil; il avait songé à de fantastiques ruts de ciel, à de longues pâmoisons de terre, à de fécondantes pluies de pollen tombant dans les organes haletants des fleurs: il avait abouti à un panthéisme gigantesque, avait, à son insu peut-être, créé, avec ce milieu édénique où il plaçait son Adam et son Eve, un prodigieux poème hindou, célébrant en un style dont les larges teintes, plaquées à cru, avaient comme un bizarre éclat de peinture indienne, l'hymne de la chair, la matière, animée, vivante, révélant par sa fureur de génération, à la créature humaine, le fruit défendu de l'amour, ses suffocations, ses caresses instinctives, ses naturelles poses.

Avec Baudelaire, ces trois maîtres étaient, dans la littérature française, moderne et profane, ceux qui avaient le mieux interné et le mieux pétri l'esprit de des Esseintes, mais à force de les relire, de s'être saturé de leurs oeuvres, de les savoir, par coeur, tout entières, il avait dû, afin de les pouvoir absorber encore, s'efforcer de les oublier et les laisser pendant quelque temps sur ses rayons, au repos.

Aussi les ouvrait-il à peine, maintenant que le domestique les lui tendait. Il se bornait à indiquer la place qu'elles devaient occuper, veillant à ce qu'elles fussent classées, en bon ordre, et à l'aise.

Le domestique lui apporta une nouvelle série de livres; ceux-là l'opprimèrent davantage; c'étaient des livres vers lesquels son inclination s'était peu à peu portée, des livres qui le délassaient de la perfection des écrivains de plus vaste encolure, par leurs défauts mêmes; ici, encore, à avoir voulu raffiner, des Esseintes était arrivé à chercher parmi de troubles pages des phrases dégageant une sorte d'électricité qui le faisait tressaillir alors qu'elles déchargeaient leur fluide dans un milieu qui paraissait tout d'abord réfractaire.

L'imperfection même lui plaisait, pourvu qu'elle ne fût, ni parasite, ni servile, et peut-être y avait-il une dose de vérité dans sa théorie que l'écrivain subalterne de la décadence, que l'écrivain encore personnel mais incomplet, alambique un baume plus irritant, plus apéritif, plus acide, que l'artiste de la même époque qui est vraiment grand, vraiment parfait. à son avis, c'était parmi leurs turbulentes ébauches que l'on apercevait les exaltations de la sensibilité les plus suraiguës, les caprices de la psychologie les plus morbides, les dépravations les plus outrées de la langue sommée dans ses derniers refus de contenir, d'enrober les sels effervescents des sensations et des idées.

Aussi, forcément, après les maîtres, s'adressait-il à quelques écrivains que lui rendait encore plus propices et plus chers, le mépris dans lequel les tenait un public incapable de les comprendre.

L'un d'eux, Paul Verlaine, avait jadis débuté par un volume de vers, les Poèmes Saturniens, un volume presque débile, où se coudoyaient des pastiches de Leconte de Lisle et des exercices de rhétorique romantique, mais où filtrait déjà, au travers de certaines pièces, telles que le sonnet intitulé "Rêve familier", la réelle personnalité du poète.

À chercher ses antécédents, des Esseintes retrouvait sous les incertitudes des esquisses, un talent déjà profondément imbibé de Baudelaire, dont l'influence s'était plus tard mieux accentuée sans que néanmoins la sportule consentie par l'indéfectible maître, fût flagrante.

Puis, d'aucuns de ses livres, La Bonne Chanson, Les Fêtes galantes, Romances sans paroles, enfin son dernier volume, Sagesse, renfermaient des poèmes où l'écrivain original se révélait, tranchant sur la multitude de ses confrères.

Muni de rimes obtenues par des temps de verbes, quelquefois même par de longs adverbes précédés d'un monosyllabe d'où ils tombaient comme du rebord d'une pierre, en une cascade pesante d'eau, son vers, coupé par d'invraisemblables césures, devenait souvent singulièrement abstrus, avec ses ellipses audacieuses et ses étranges incorrections qui n'étaient point cependant sans grâce.

Maniant mieux que pas un la métrique, il avait tenté de rajeunir les poèmes à forme fixe: le sonnet qu'il retournait, la queue en l'air, de même que certains poissons japonais en terre polychrome qui posent sur leur socle, les ouïes en bas; ou bien il le dépravait, en n'accouplant que des rimes masculines pour lesquelles il semblait éprouver une affection; il avait également et souvent usé d'une forme bizarre, d'une strophe de trois vers dont le médian restait privé de rime, et d'un tercet, monorime, suivi d'un unique vers, jeté en guise de refrain et se faisant écho avec lui-même tels que les streets: "Dansons la Gigue"; il avait employé d'autres rythmes encore où le timbre presque effacé ne s'entendait plus que dans des strophes lointaines, comme un son éteint de cloche.

Mais sa personnalité résidait surtout en ceci: qu'il avait pu exprimer de vagues et délicieuses confidences, à mi-voix, au crépuscule. Seul, il avait pu laisser deviner certains au-delà troublants d'âme, des chuchotements si bas de pensées, des aveux si murmurés, si interrompus, que l'oreille qui les percevait, demeurait hésitante, coulant à l'âme des langueurs avivées par le mystère de ce souffle plus deviné que senti. Tout l'accent de Verlaine était dans ces adorables vers des Fêtes galantes: Le soir tombait, un soir équivoque d'automne, Les belles se pendant rêveuses à nos bras, Dirent alors des mots si spécieux tout bas, Que notre âme depuis ce temps tremble et s'étonne.

Ce n'était plus l'horizon immense ouvert par les inoubliables portes de Baudelaire, c'était, sous un clair de lune, une fente entrebâillée sur un champ plus restreint et plus intime, en somme particulier à l'auteur qui avait, du reste, en ces vers dont des Esseintes était friand, formulé son système poétique: Car nous voulons la nuance encore, Pas la couleur, rien que la nuance ... ... Et tout le reste est littérature.

Volontiers, des Esseintes l'avait accompagné dans ses oeuvres les plus diverses. Après ses _Romances sans paroles_ parues dans l'imprimerie d'un journal à Sens, Verlaine s'était assez longuement tu, puis en des vers charmants où passait l'accent doux et transi de Villon, il avait reparu, chantant la Vierge, "loin de nos jours d'esprit charnel, et de chair triste". Des Esseintes relisait souvent ce livre de _Sagesse_ et se suggérait devant ses poèmes des rêveries clandestines, des fictions d'un amour occulte pour une Madone byzantine qui se muait, à un certain moment, en une Cydalise égarée dans notre siècle, et si mystérieuse et si troublante, qu'on ne pouvait savoir si elle aspirait à des dépravations tellement monstrueuses qu'elles deviendraient, aussitôt accomplies, irrésistibles; ou bien, si elle s'élançait, elle-même, dans le rêve, dans un rêve immaculé, où l'adoration de l'âme flotterait autour d'elle, à l'état continuellement inavoué, continuellement pur.

D'autres poètes l'incitaient encore à se confier à eux: Tristan Corbière, qui, en 1873, dans l'indifférence générale, avait lancé un volume des plus excentriques, intitulé: Les Amours jaunes. Des Esseintes qui, en haine du banal et du commun, eût accepté les folies les plus appuyées, les extravagances les plus baroques, vivait de légères heures avec ce livre où le cocasse se mêlait à une énergie désordonnée, où des vers déconcertants éclataient dans des poèmes d'une parfaite obscurité, telles que les litanies du Sommeil, qu'il qualifiait, à un certain moment, d'

Obscène confesseur des dévotes mort-nées.

C'était à peine français, l'auteur parlait nègre, procédait par un langage de télégramme, abusait des suppressions de verbes, affectait une gouaillerie, se livrait à des quolibets de commis-voyageur insupportable, puis tout à coup, dans ce fouillis, se tortillaient des concetti falots, des minauderies interlopes, et soudain jaillissait un cri de douleur aiguë, comme une corde de violoncelle qui se brise. Avec cela, dans ce style rocailleux, sec, décharné à plaisir, hérissé de vocables inusités, de néologismes inattendus, fulguraient des trouvailles d'expression, des vers nomades amputés de leur rime, superbes; enfin, en sus de ses Poèmes parisiens où des Esseintes relevait cette profonde définition de la femme:

éternel féminin de l'éternel jocrisse,

Tristan Corbière avait, en un style d'une concision presque puissante, célébré la mer de Bretagne, les sérails marins, le Pardon de Sainte-Anne, et il s'était même élevé jusqu'à l'éloquence de la haine, dans l'insulte dont il abreuvait, à propos du camp de Gonlie, les individus qu'il désignait sous le nom de "forains du Quatre-Septembre".

Ce faisandage dont il était gourmand et que lui présentait ce poète, aux épithètes crispées, aux beautés qui demeuraient toujours à l'état un peu suspect, des Esseintes le retrouvait encore dans un autre poète, Théodore Hannon, un élève de Baudelaire et de Gautier, mû par un sens très spécial des élégances recherchées et des joies factices.

À l'encontre de Verlaine qui dérivait, sans croisement, de Baudelaire, surtout par le côté psychologique, par la nuance captieuse de la pensée, par la docte quintessence du sentiment, Théodore Hannon descendait du maître, surtout par le côté plastique, par la vision extérieure des êtres et des choses.

Sa corruption charmante correspondait fatalement aux penchants de des Esseintes qui, par les jours de brume, par les jours de pluie, s'enfermait dans le retrait imaginé par ce poète et se grisait les yeux avec les chatoiements de ses étoffes, avec les incandescences de ses pierres, avec ses somptuosités, exclusivement matérielles, qui concouraient aux incitations cérébrales et montaient comme une poudre de cantharide dans un nuage de tiède encens vers une Idole Bruxelloise, au visage fardé, au ventre tanné par des parfums.

À l'exception de ces poètes et de Stéphane Mallarmé qu'il enjoignit à son domestique de mettre de côté, pour le classer à part, des Esseintes n'était que bien faiblement attiré par les poètes.

En dépit de sa forme magnifique, en dépit de l'imposante allure de ses vers qui se dressaient avec un tel éclat que les hexamètres d'Hugo même semblaient, en comparaison, mornes et sourds, Leconte de Lisle ne pouvait plus maintenant le satisfaire. L'antiquité si merveilleusement ressuscitée par Flaubert, restait entre ses mains immobile et froide. Rien ne palpitait dans ses vers tout en façade que n'étayait, la plupart du temps, aucune idée; rien ne vivait dans ces poèmes déserts dont les impassibles mythologies finissaient par le glacer. D'autre part, après l'avoir longtemps choyée, des Esseintes arrivait aussi à se désintéresser de l'oeuvre de Gautier; son admiration pour l'incomparable peintre qu'était cet homme, était allée en se dissolvant de jours en jours, et maintenant il demeurait plus étonné que ravi, par ses descriptions en quelque sorte indifférentes. L'impression des objets s'était fixée sur son oeil si perceptif, mais elle s'y était localisée, n'avait pas pénétré plus avant dans sa cervelle et dans sa chair; de même qu'un prodigieux réflecteur, il s'était constamment borné à réverbérer, avec une impersonnelle netteté, des alentours.

Certes, des Esseintes aimait encore les oeuvres de ces deux poètes, ainsi qu'il aimait les pierres rares, les matières précieuses et mortes, mais aucune des variations de ces parfaits instrumentistes ne pouvait plus l'extasier, car aucune n'était ductile au rêve, aucune n'ouvrait, pour lui du moins, l'une de ces vivantes échappées qui lui permettaient d'accélérer le vol lent des heures.

Il sortait de leurs livres à jeun, et il en était de même de ceux d'Hugo; le côté Orient et patriarche était trop convenu, trop vide, pour le retenir; et le côté tout à la fois bonne d'enfant et grand-père, l'exaspérait; il lui fallait arriver aux Chansons des rues et des bois pour hennir devant l'impeccable jonglerie de sa métrique, mais combien, en fin de compte, il eût échangé tous ces tours de force pour une nouvelle oeuvre de Baudelaire qui fût l'égale de l'ancienne, car décidément celui-là était à peu près le seul dont les vers continssent, sous leur splendide écorce, une balsamique et nutritive moelle!

En sautant d'un extrême à l'autre, de la forme privée d'idées, aux idées privées de forme, des Esseintes demeurait non moins circonspect et non moins froid. Les labyrinthes psychologiques de Stendhal, les détours analytiques de Duranty le séduisaient, mais leur langue administrative, incolore, aride, leur prose en location, tout au plus bonne pour l'ignoble industrie du théâtre, le repoussait. Puis les intéressants travaux de leurs astucieux démontages s'exerçaient, pour tout dire, sur des cervelles agitées par des passions qui ne l'émouvaient plus. Il se souciait peu des affections générales, des associations d'idées communes, maintenant que la rétention de son esprit s'exagérait et qu'il n'admettait plus que les sensations superfines et que les tourmentes catholiques et sensuelles.

Afin de jouir d'une oeuvre qui joignît, suivant ses voeux, à un style incisif, une analyse pénétrante et féline, il lui fallait arriver au maître de l'Induction, à ce profond et étrange Edgar Poe, pour lequel, depuis le temps qu'il le relisait sa dilection n'avait pu déchoir.

Plus que tout autre, celui-là peut-être répondait par d'intimes affinités aux postulations méditatives de des Esseintes.

Si Baudelaire avait déchiffré dans les hiéroglyphes de l'âme le retour d'âge des sentiments et des idées, lui avait, dans la voie de la psychologie morbide, plus particulièrement scruté le domaine de la volonté.

En littérature, il avait, le premier, sous ce titre emblématique: "Le démon de la Perversité", épié ces impulsions irrésistibles que la volonté subit sans les connaître et que la pathologie cérébrale explique maintenant d'une façon à peu près sûre; le premier aussi, il avait sinon signalé, du moins divulgué l'influence dépressive de la peur qui agit sur la volonté, de même que les anesthésiques qui paralysent la sensibilité et que le curare qui anéantit les éléments nerveux moteurs; c'était sur ce point, sur cette léthargie de la volonté, qu'il avait fait converger ses études, analysant les effets de ce poison moral, indiquant les symptômes de sa marche, les troubles commençant avec l'anxiété, se continuant par l'angoisse, éclatant enfin dans la terreur qui stupéfie les volitions, sans que l'intelligence, bien qu'ébranlée, fléchisse.

La mort dont tous les dramaturges avaient tant abusé, il l'avait, en quelque sorte, aiguisée, rendue autre, en y introduisant un élément algébrique et surhumain; mais c'était, à vrai dire, moins l'agonie réelle du moribond qu'il décrivait, que l'agonie morale du survivant hanté, devant le lamentable lit, par les monstrueuses hallucinations qu'engendrent la douleur et la fatigue. Avec une fascination atroce, il s'appesantissait sur les actes de l'épouvante, sur les craquements de la volonté, les raisonnait froidement, serrant peu à peu la gorge du lecteur, suffoqué, pantelant devant ces cauchemars mécaniquement agencés de fièvre chaude.

Convulsées par d'héréditaires névroses, affolées par des chorées morales, ses créatures ne vivaient que par les nerfs; ses femmes, les Morella, les Ligeia, possédaient une érudition immense, trempée dans les brumes de la philosophie allemande et dans les mystères cabalistiques du vieil Orient, et toutes avaient des poitrines garçonnières et inertes d'anges, toutes étaient, pour ainsi dire, insexuelles.

Baudelaire et Poe, ces deux esprits qu'on avait souvent appariés, à cause de leur commune poétique, de leur inclination partagée pour l'examen des maladies mentales, différaient radicalement par les conceptions affectives qui tenaient une si large place dans leurs oeuvres; Baudelaire avec son amour, altéré et inique, dont le cruel dégoût faisait songer aux représailles d'une inquisition; Poe, avec ses amours chastes, aériennes, où les sens n'existaient pas, où la cervelle solitaire s'érigeait, sans correspondre à des organes qui, s'ils existaient, demeuraient à jamais glacés et vierges.

Cette clinique cérébrale où, vivisectant dans une atmosphère étouffante, ce chirurgien spirituel devenait, dès que son attention se lassait, la proie de son imagination qui faisait poudroir comme de délicieux miasmes, des apparitions somnambulesques et angéliques, était pour des Esseintes une source d'infatigables conjectures; mais maintenant que sa névrose s'était exaspérée, il y avait des jours où ces lectures le brisaient, des jours où il restait, les mains tremblantes, l'oreille au guet, se sentant, ainsi que le désolant Usher, envahi par une transe irraisonnée, par une frayeur sourde.

Aussi devait-il se modérer, toucher à peine à ces redoutables élixirs, de même qu'il ne pouvait plus visiter impunément son rouge vestibule et s'enivrer la vue des ténèbres d'Odilon Redon et des supplices de Jan Luyken.

Et cependant, lorsqu'il était dans ces dispositions d'esprit, toute littérature lui semblait fade après ces terribles philtres importés de l'Amérique. Alors, il s'adressait à Villiers de l'Isle-Adam, dans l'oeuvre éparse duquel il notait des observations encore séditieuses, des vibrations encore spasmodiques, mais qui ne dardaient plus, à l'exception de sa Claire Lenoir du moins, une si bouleversante horreur.

Parue, en 1867, dans la Revue des lettres et des arts, cette Claire Lenoir ouvrait une série de nouvelles comprises sous le titre générique d'"Histoires moroses". Sur un fond de spéculations obscures empruntées au vieil Hegel, s'agitaient des êtres démantibulés, un docteur Tribulat Bonhomet, solennel et puéril, une Claire Lenoir, farce et sinistre, avec les lunettes bleues rondes, et grandes comme des pièces de cent sous, qui couvraient ses yeux à peu près morts.

Cette nouvelle roulait sur un simple adultère et concluait à un indicible effroi, alors que Bonhomet, déployant les prunelles de Claire, à son lit de mort, et les pénétrant avec de monstrueuses sondes, apercevait distinctement réfléchi le tableau du mari qui brandissait, au bout du bras, la tête coupée de l'amant, en hurlant, tel qu'un Canaque, un chant de guerre.

Basé sur cette observation plus ou moins juste que les yeux de certains animaux, des boeufs, par exemple, conservent jusqu'à la décomposition, de même que des plaques photographiques, l'image des êtres et des choses situés, au moment où ils expiraient, sous leur dernier regard, ce conte dérivait évidemment de ceux d'Edgar Poe, dont il s'appropriait la discussion pointilleuse et l'épouvante.

Il en était de même de l'"Intersigne" qui avait été plus tard réuni aux Contes cruels, un recueil d'un indiscutable talent, dans lequel se trouvait "Véra", une nouvelle, que des Esseintes considérait ainsi qu'un petit chef-d'oeuvre.

Ici, l'hallucination était empreinte d'une tendresse exquise; ce n'était plus les ténébreux mirages de l'auteur américain, c'était une vision tiède et fluide, presque céleste; c'était, dans un genre identique, le contre-pied des Béatrice et des Ligeia, ces mornes et blancs fantômes engendrés par l'inexorable cauchemar du noir opium!

Cette nouvelle mettait aussi en jeu les opérations de la volonté, mais elle ne traitait plus de ses affaiblissements et de ses défaites, sous l'effet de la peur; elle étudiait, au contraire, ses exaltations, sous l'impulsion d'une conviction tournée à l'idée fixe; elle démontrait sa puissance qui parvenait même à saturer l'atmosphère, à imposer sa foi aux choses ambiantes.

Un autre livre de Villiers, Isis, lui semblait curieux à d'autres titres. Le fatras philosophique de Claire Lenoir obstruait également celui-là qui offrait un incroyable tohu-bohu d'observations verbeuses et troubles et de souvenirs de vieux mélodrames, d'oubliettes, de poignards, d'échelles de corde, de tous ces ponts-neuf romantiques que Villiers ne devait point rajeunir dans son "Elën", dans sa "Morgane", des pièces oubliées, éditées chez un inconnu, le sieur Francisque Guyon, imprimeur à Saint-Brieuc.

L'héroïne de ce livre, une marquise Tullia Fabriana, qui était censée s'être assimilé la science chaldéenne des femmes d'Edgar Poe et les sagacités diplomatiques de la Sanseverina-Taxis de Stendhal, s'était, en sus, composé l'énigmatique contenance d'une Bradamante mâtinée d'une Circé antique. Ces mélanges insolubles développaient une vapeur fuligineuse au travers de laquelle des influences philosophiques et littéraires se bousculaient, sans avoir pu s'ordonner, dans le cerveau de l'auteur, au moment où il écrivait les prolégomènes de cette oeuvre qui ne devait pas comprendre moins de sept volumes.

Mais, dans le tempérament de Villiers, un autre coin, bien autrement perçant, bien autrement net, existait, un coin de plaisanterie noire et de raillerie féroce; ce n'étaient plus alors les paradoxales mystifications d'Edgar Poe, c'était un bafouage d'un comique lugubre, tel qu'en ragea Swift. Une série de pièces, Les Demoiselles de Bienfilâtre, L'Affichage céleste, La Machine à gloire, Le Plus beau dîner du monde, décelaient un esprit de goguenardise singulièrement inventif et âcre. Toute l'ordure des idées utilitaires contemporaines, toute l'ignominie mercantile du siècle, étaient glorifiées en des pièces dont la poignante ironie transportait des Esseintes.

Dans ce genre de la fumisterie grave et acerbe, aucun autre livre n'existait en France; tout au plus, une nouvelle de Charles Cros, La Science de l'amour, insérée jadis dans la Revue du Monde Nouveau, pouvait-elle étonner par ses folies chimiques, son humour pincé, ses observations froidement bouffonnes, mais le plaisir n'était plus que relatif, car l'exécution péchait d'une façon mortelle. Le style ferme, coloré, souvent original de Villiers, avait disparu pour faire place à une rillette raclée sur l'établi littéraire du premier venu.

- Mon Dieu! mon Dieu! qu'il existe donc peu de livres qu'on puisse relire, soupira des Esseintes, regardant le domestique qui descendait de l'escabelle où il était juché et s'effaçait pour lui permettre d'embrasser d'un coup d'oeil tous les rayons.

Des Esseintes approuva de la tête. Il ne restait plus sur la table que deux plaquettes. D'un signe, il congédia le vieillard et il parcourut quelques feuilles reliées en peau d'onagre, préalablement satinée à la presse hydraulique, pommelée à l'aquarelle de nuées d'argent et nantie de gardes de vieux lampas, dont les ramages un peu éteints, avaient cette grâce des choses fanées que Mallarmé célébra dans un si délicieux poème.

Ces pages, au nombre de neuf, étaient extraites d'uniques exemplaires des deux premiers Parnasses, tirés sur parchemin, et précédées de ce titre: Quelques vers de Mallarmé, dessiné par un surprenant calligraphe, en lettres onciales, coloriées, relevées, comme celles des vieux manuscrits, de points d'or.

Parmi les onze pièces réunies sous cette couverture, quelques-unes, Les Fenêtres, L'épilogue, Azur, le requéraient; mais une entre autres, un fragment de l'Hérodiade, le subjuguait de même qu'un sortilège, à certaines heures.

Combien de soirs, sous la lampe éclairant de ses lueurs baissées la silencieuse chambre, ne s'était-il point senti effleuré par cette Hérodiade qui, dans l'oeuvre de Gustave Moreau maintenant envahie par l'ombre, s'effaçait plus légère, ne laissant plus entrevoir qu'une confuse statue, encore blanche, dans un brasier éteint de pierres!

L'obscurité cachait le sang, endormait les reflets et les ors, enténébrait les lointains du temple, noyait les comparses du crime ensevelis dans leurs couleurs mortes, et, n'épargnant que les blancheurs de l'aquarelle, sortait la femme du fourreau de ses joailleries et la rendait plus nue.

Invinciblement, il levait les yeux vers elle, la discernait à ses contours inoubliés et elle revivait, évoquant sur ses lèvres ces bizarres et doux vers que Mallarmé lui prête:

"O miroir! "Eau froide par l'ennui dans ton cadre gelée "Que de fois, et pendant les heures, désolée "Des songes et cherchant mes souvenirs qui sont "Comme des feuilles sous ta glace au trou profond, "Je m'apparus en toi comme une ombre lointaine! "Mais, horreur! des soirs, dans ta sévère fontaine, "J'ai de mon rêve épars connu la nudité!"

Ces vers, il les aimait comme il aimait les oeuvres de ce poète qui, dans un siècle de suffrage universel et dans un temps de lucre, vivait à l'écart des lettres, abrité de la sottise environnante par son dédain, se complaisant, loin du monde, aux surprises de l'intellect, aux visions de sa cervelle, raffinant sur des pensées déjà spécieuses, les greffant de finesses byzantines, les perpétuant en des déductions légèrement indiquées que reliait à peine un imperceptible fil.

Ces idées nattées et précieuses, il les nouait avec une langue adhésive, solitaire et secrète, pleine de rétractions de phrases, de tournures elliptiques, d'audacieux tropes.

Percevant les analogies les plus lointaines, il désignait souvent d'un terme donnant à la fois, par un effet de similitude, la forme, le parfum, la couleur, la qualité, l'éclat, l'objet ou l'être auquel il eût fallu accoler de nombreuses et de différentes épithètes pour en dégager toutes les faces, toutes les nuances, s'il avait été simplement indiqué par son nom technique. Il parvenait ainsi à abolir l'énoncé de la comparaison qui s'établissait, toute seule, dans l'esprit du lecteur, par l'analogie, dès qu'il avait pénétré le symbole, et il se dispensait d'éparpiller l'attention sur chacune des qualités qu'auraient pu présenter, un à un, les adjectifs placés à la queue leu leu, la concentrait sur un seul mot, sur un tout, produisant, comme pour un tableau par exemple, un aspect unique et complet, un ensemble.

Cela devenait une littérature condensée, un coulis essentiel, un sublimé d'art; cette tactique d'abord employée d'une façon restreinte, dans ses première oeuvres, Mallarmé l'avait hardiment arborée dans une pièce sur Théophile Gautier et dans L'Après-midi du faune, une églogue, où les subtilités des joies sensuelles se déroulaient en des vers mystérieux et câlins que trouait tout à coup ce cri fauve et délirant du faune: "Alors m'éveillerai-je à la ferveur première, "Droit et seul sous un flot antique de lumière, "Lys! et l'un de vous tous pour l'ingénuité.

Ce vers qui avec le monosyllabe lys! en rejet, évoquait l'image de quelque chose de rigide, d'élancé, de blanc, sur le sens duquel appuyait encore le substantif ingénuité mis à la rime, exprimait allégoriquement, en un seul terme, la passion, l'effervescence, l'état momentané du faune vierge, affolé de rut par la vue des nymphes.

Dans cet extraordinaire poème, des surprises d'images nouvelles et invues surgissaient, à tout bout de vers, alors que le poète décrivait les élans, les regrets du chèvre-pied contemplant sur le bord du marécage les touffes des roseaux-gardant encore, en un moule éphémère, la forme creuse des naïades qui l'avaient empli.

Puis, des Esseintes éprouvait aussi de captieuses délices à palper cette minuscule plaquette, dont la couverture en feutre du Japon, aussi blanche qu'un lait caillé, était fermée par deux cordons de soie, l'un rose de Chine, et l'autre noir.

Dissimulée derrière la couverture, la tresse noire rejoignait la tresse rose qui mettait comme un souffle de veloutine, comme un soupçon de fard japonais moderne, comme un adjuvant libertin, sur l'antique blancheur, sur la candide carnation du livre, et elle l'enlaçait, nouant en une légère rosette, sa couleur sombre à la couleur claire, insinuant un discret avertissement de ce regret, une vague menace de cette tristesse qui succèdent aux transports éteints et aux surexcitations apaisées des sens.

Des Esseintes reposa sur la table L'Après-midi du faune, et il feuilleta une autre plaquette qu'il avait fait imprimer, à son usage, une anthologie du poème en prose, une petite chapelle, placée sous l'invocation de Baudelaire, et ouverte sur le parvis de ses poèmes.

Cette anthologie comprenait un selectae du Gaspard de la Nuit de ce fantasque Aloysius Bertrand qui a transféré les procédés du Léonard dans la prose et peint, avec ses oxydes métalliques, de petits tableaux dont les vives couleurs chatoient, ainsi que celles des émaux lucides. Des Esseintes y avait joint Le Vox populi, de Villiers, une pièce superbement frappée dans un style d'or, à l'effigie de Leconte de Lisle et de Flaubert, et quelques extraits de ce délicat Livre de Jade dont l'exotique parfum de ginseng et de thé se mêle à l'odorante fraîcheur de l'eau qui babille sous un clair de lune, tout le long du livre.

Mais, dans ce recueil, avaient été colligés certains poèmes sauvés de revues mortes: Le Démon de l'analogie, La Pipe, Le Pauvre Fnfant pâle, Le Spectacle interrompu, Le Phénomène futur, et surtout Plaintes d'automne et Frisson d'hiver, qui étaient les chefs-d'oeuvre de Mallarmé et comptaient également parmi les chefs-d'oeuvre du poème en prose, car ils unissaient une langue si magnifiquement ordonnée qu'elle berçait, par elle-même, ainsi qu'une mélancolique incantation, qu'une enivrante mélodie, à des pensées d'une suggestion irrésistible, à des pulsations d'âme de sensitif dont les nerfs en émoi vibrent avec une acuité qui vous pénètre jusqu'au ravissement, jusqu'à la douleur.

De toutes les formes de la littérature, celle du poème en prose était la forme préférée de des Esseintes. Maniée par un alchimiste de génie, elle devait, suivant lui, renfermer, dans son petit volume, à l'état d'of meat, la puissance du roman dont elle supprimait les longueurs analytiques et les superfétations descriptives. Bien souvent, des Esseintes avait médité sur cet inquiétant problème, écrire un roman concentré en quelques phrases qui contiendraient le suc cohobé des centaines de pages toujours employées à établir le milieu, à dessiner les caractères, à entasser à l'appui les observations et les menus faits. Alors les mots choisis seraient tellement impermutables qu'ils suppléeraient à tous les autres; l'adjectif posé d'une si ingénieuse et d'une si définitive façon qu'il ne pourrait être légalement dépossédé de sa place, ouvrirait de telles perspectives que le lecteur pourrait rêver, pendant des semaines entières, sur son sens, tout à la fois précis et multiple, constaterait le présent, reconstruirait le passé, devinerait l'avenir d'âmes des personnages, révélés par les lueurs de cette épithète unique.

Le roman, ainsi conçu, ainsi condensé en une page ou deux, deviendrait une communion de pensée entre un magique écrivain et un idéal lecteur, une collaboration spirituelle consentie entre dix personnes supérieures éparses dans l'univers, une délectation offerte aux délicats, accessible à eux seuls.

En un mot, le poème en prose représentait, pour des Esseintes, le suc concret, l'osmazome de la littérature, l'huile essentielle de l'art.

Cette succulence développée et réduite en une goutte, elle existait déjà chez Baudelaire, et aussi dans ces poèmes de Mallarmé qu'il humait avec une si profonde joie.

Quand il eut fermé son anthologie, des Esseintes se dit que sa bibliothèque arrêtée sur ce dernier livre, ne s'augmenterait probablement jamais plus.

En effet, la décadence d'une littérature, irréparablement atteinte dans son organisme, affaiblie par l'âge des idées, épuisée par les excès de la syntaxe, sensible seulement aux curiosités qui enfièvrent les malades et cependant pressée de tout exprimer à son déclin, acharnée à vouloir réparer toutes les omissions de jouissance, à léguer les plus subtils souvenirs de douleur, à son lit de mort, s'était incarnée en Mallarmé, de la façon la plus consommée et la plus exquise.

C'étaient, poussées jusqu'à leur dernière expression, les quintessences de Baudelaire et de Poe; c'étaient leurs fines et puissantes substances encore distillées et dégageant de nouveaux fumets, de nouvelles ivresses.

C'était l'agonie de la vieille langue qui, après s'être persillée de siècle en siècle, finissait par se dissoudre, par atteindre ce déliquium de la langue latine qui expirait dans les mystérieux concepts et les énigmatiques expressions de saint Boniface et de saint Adhelme.

Au demeurant, la décomposition de la langue française s'était faite d'un coup. Dans la langue latine, une longue transition, un écart de quatre cents ans existait entre le verbe tacheté et superbe de Claudien et de Rutilius, et le verbe faisandé du VIIIe siècle. Dans la langue française aucun laps de temps, aucune succession d'âges n'avait eu lieu; le style tacheté et superbe des de Goncourt et le style faisandé de Verlaine et de Mallarmé se coudoyaient à Paris, vivant en même temps, à la même époque, au même siècle.

Et des Esseintes sourit, regardant l'un des in-folios ouverts sur son pupitre de chapelle, pensant que le moment viendrait où un érudit préparerait pour la décadence de la langue française, un glossaire pareil à celui dans lequel le savant du Cange a noté les dernières balbuties, les derniers spasmes, les derniers éclats, de la langue latine râlant de vieillesse au fond des cloîtres.

Chapitre 15

Allumé comme un feu de paille, son enthousiasme pour le sustenteur tomba de même. D'abord engourdie, la dyspepsie nerveuse se réveilla; puis, cette échauffante essence de nourriture détermina une telle irritation dans ses entrailles que des Esseintes dut, au plus tôt, en cesser l'usage.

La maladie reprit sa marche; des phénomènes inconnus l'escortèrent. Après les cauchemars, les hallucinations de l'odorat, les troubles de la vue, la toux rêche, réglée de même qu'une horloge, les bruits des artères et du coeur et les suées froides, surgirent les illusions de l'ouïe, ces altérations qui ne se produisent que dans la dernière période du mal.

Rongé par une ardente fièvre, des Esseintes entendit subitement des murmures d'eau, des vols de guêpes, puis ces bruits se fondirent en un seul qui ressemblait au ronflement d'un tour; ce ronflement s'éclaircit, s'atténua et peu à peu se décida en un son argentin de cloche.

Alors, il sentit son cerveau délirant emporté dans des ondes musicales, roulé dans les tourbillons mystiques de son enfance. Les chants appris chez les jésuites reparurent, établissant par eux-mêmes, le pensionnat, la chapelle, où ils avaient retenti, répercutant leurs hallucinations aux organes olfactifs et visuels, les voilant de fumée d'encens et de ténèbres irradiées par des lueurs de vitraux, sous de hauts cintres.

Chez les Pères, les cérémonies religieuses se pratiquaient en grande pompe; un excellent organiste et une remarquable maîtrise faisaient de ces exercices spirituels un délice artistique profitable au culte. L'organiste était amoureux des vieux maîtres et, aux jours fériés, il célébrait des messes de Palestrina et d'Orlando Lasso, des psaumes de Marcello, des oratorios de Haendel, des motets de Sébastien Bach, exécutait de préférence aux molles et faciles compilations du père Lambillotte si en faveur auprès des prêtres, des "Laudi spirituali" du XVIe siècle dont la sacerdotale beauté avait mainte fois capté des Esseintes.

Mais il avait surtout éprouvé d'ineffables allégresses à écouter le plain-chant que l'organiste avait maintenu en dépit des idées nouvelles.

Cette forme maintenant considérée comme une forme caduque et gothique de la liturgie chrétienne, comme une curiosité archéologique, comme une relique des anciens temps, c'était le verbe de l'antique église, l'âme du moyen âge; c'était la prière éternelle chantée, modulée suivant les élans de l'âme, l'hymne permanente élancée depuis des siècles vers le Très-Haut.

Cette mélodie traditionnelle était la seule qui, avec son puissant unisson, ses harmonies solennelles et massives, ainsi que des pierres de taille, put s'accoupler avec les vieilles basiliques et emplir les voûtes romanes dont elle semblait l'émanation et la voix même.

Combien de fois des Esseintes n'avait-il pas été saisi et courbé par un irrésistible souffle, alors que le "Christus factus est" du chant grégorien s'élevait dans la nef dont les piliers tremblaient parmi les mobiles nuées des encensoirs, ou que le faux-bourdon du "De profundis" gémissait, lugubre de même qu'un sanglot contenu, poignant ainsi qu'un appel désespéré de l'humanité pleurant sa destinée mortelle, implorant la miséricorde attendrie de son Sauveur!

En comparaison de ce chant magnifique, créé par le génie de l'église, impersonnel, anonyme comme l'orgue même dont l'inventeur est inconnu, toute musique religieuse lui paraissait profane. Au fond, dans toutes les oeuvres de Jomelli et de Porpora, de Carissimi et de Durante, dans les conceptions les plus admirables de Haendel et de Bach, il n'y avait pas la renonciation d'un succès public, le sacrifice d'un effet d'art, l'abdication d'un orgueil humain s'écoutant prier; tout au plus, avec les imposantes messes de Lesueur célébrées à Saint-Roch, le style religieux s'affirmait-il, grave et auguste, se rapprochant au point de vue de l'âpre nudité, de l'austère majesté du vieux plain-chant.

Depuis lors, absolument révolté par ces prétextes à Stabat, imaginés par les Pergolèse et les Rossini, par toute cette intrusion de l'art mondain dans l'art liturgique, des Esseintes s'était tenu à l'écart de ces oeuvres équivoques que tolère l'indulgente église.

D'ailleurs, cette faiblesse consentie par désir de recettes et sous une fallacieuse apparence d'attrait pour les fidèles, avait aussitôt abouti à des chants empruntés à des opéras italiens, à d'abjectes cavatines, à d'indécents quadrilles, enlevés à grand orchestre dans les églises elles-mêmes converties en boudoirs, livrées aux histrions des théâtres qui bramaient dans les combles, alors qu'en bas les femmes combattaient à coups de toilettes et se pâmaient aux cris des cabots dont les impures voix souillaient les sons sacrés de l'orgue!

Depuis des années, il s'était obstinément refusé à prendre part à ces pieuses régalades, restant sur ses souvenirs d'enfance, regrettant même d'avoir entendu quelques Te Deum, inventés par de grands maîtres, car il se rappelait cet admirable Te Deum du plain-chant, cette hymne si simple, si grandiose, composée par un saint quelconque, un saint Ambroise ou un saint Hilaire, qui, à défaut des ressources compliquées d'un orchestre, à défaut de la mécanique musicale de la science moderne, révélait une ardente foi, une délirante jubilation, échappées, de l'âme de l'humanité tout entière, en des accents pénétrés, convaincus, presque célestes!

D'ailleurs, les idées de des Esseintes sur la musique étaient en flagrante contradiction avec les théories qu'il professait sur les autres arts. En fait de musique religieuse, il n'approuvait réellement que la musique monastique du moyen âge, cette musique émaciée qui agissait instinctivement sur ses nerfs, de même que certaines pages de la vieille latinité chrétienne; puis, il l'avouait lui-même, il était incapable de comprendre les ruses que les maîtres contemporains pouvaient avoir introduites dans l'art catholique; d'abord, il n'avait pas étudié la musique avec cette passion qui l'avait porté vers la peinture et vers les lettres. Il jouait, ainsi que le premier venu, du piano, était, après de longs ânonnements, à peu près apte à mal déchiffrer une partition, mais il ignorait l'harmonie, la technique nécessaire pour saisir réellement une nuance, pour apprécier une finesse, pour savourer, en toute connaissance de cause, un raffinement. D'autre part, la musique profane est un art de promiscuité lorsqu'on ne peut la lire chez soi, seul, ainsi qu'on lit un livre; afin de la déguster, il eût fallu se mêler à cet invariable public qui regorge dans les théâtres et qui assiège ce Cirque d'hiver où, sous un soleil frisant, dans une atmosphère de lavoir, l'on aperçoit un homme à tournure de charpentier, qui bat en l'air une rémolade et massacre des épisodes dessoudés de Wagner, à l'immense joie d'une inconsciente foule!

Il n'avait pas eu le courage de se plonger dans ce bain de multitude, pour aller écouter du Berlioz dont quelques fragments l'avaient pourtant subjugué par leurs exaltations passionnées et leurs bondissantes fougues, et il savait pertinemment aussi qu'il n'était pas une scène, pas même une phrase d'un opéra du prodigieux Wagner qui pût être impunément détachée de son ensemble.

Les morceaux, découpés et servis sur le plat d'un concert, perdaient toute signification, demeuraient privés de sens, attendu que, semblables à des chapitres qui se complètent les uns les autres et concourent tous à la même conclusion, au même but, ses mélodies lui servaient à dessiner le caractère de ses personnages, à incarner leurs pensées, à exprimer leurs mobiles, visibles ou secrets, et que leurs ingénieux et persistants retours n'étaient compréhensibles que pour les auditeurs qui suivaient le sujet depuis son exposition et voyaient peu à peu les personnages se préciser et grandir dans un milieu d'où l'on ne pouvait les enlever sans les voir dépérir, tels que des rameaux séparés d'un arbre.

Aussi des Esseintes pensait-il que, parmi cette tourbe de mélomanes qui s'extasiait, le dimanche, sur les banquettes, vingt à peine connaissaient la partition qu'on massacrait, quand les ouvreuses consentaient à se taire pour permettre d'écouter l'orchestre.

Etant donné également que l'intelligent patriotisme empêchait un théâtre français de représenter un opéra de Wagner, il n'y avait pour les curieux qui ignorent les arcanes de la musique et ne peuvent ou ne veulent se rendre à Bayreuth, qu'à rester chez soi, et c'est le raisonnable parti qu'il avait su prendre.

D'un autre côté, la musique plus publique, plus facile et les morceaux indépendants des vieux opéras ne le retenaient guère; les bas fredons d'Auber et de Boieldieu, d'Adam et de Flotow et les lieux communs de rhétorique professés par les

Ambroise Thomas et les Bazin lui répugnaient au même titre que les minauderies surannées et que les grâces populacières des Italiens. Il s'était donc résolument écarté de l'art musical, et, depuis des années que durait son abstention, il ne se rappelait avec plaisir que certaines séances de musique de chambre où il avait entendu du Beethoven et surtout du Schumann et du Schubert qui avaient trituré ses nerfs à la façon des plus intimes et des plus tourmentés poèmes d'Edgar Poe.

Certaines parties pour violoncelle de Schumann l'avaient positivement laissé haletant et étranglé par l'étouffante boule de l'hystérie; mais c'étaient surtout des lieders de Schubert qui l'avaient soulevé, jeté hors de lui, puis prostré de même qu'après une déperdition de fluide nerveux, après une ribote mystique d'âme.

Cette musique lui entrait, en frissonnant, jusqu'aux os et refoulait un infini de souffrances oubliées, de vieux spleen, dans le coeur étonné de contenir tant de misères confuses et de douleurs vagues. Cette musique de désolation, criant du plus profond de l'être, le terrifiait en le charmant. Jamais, sans que de nerveuses larmes lui montassent aux yeux, il n'avait pu se répéter "les Plaintes de la jeune fille", car il y avait dans ce lamento, quelque chose de plus que de navré, quelque chose d'arraché qui lui fouillait les entrailles, quelque chose comme une fin d'amour dans un paysage triste.

Et toujours lorsqu'elles lui revenaient aux lèvres, ces exquises et funèbres plaintes évoquaient pour lui un site de banlieue, un site avare, muet, où, sans bruit, au loin, des files de gens, harassés par la vie, se perdaient, courbés en deux, dans le crépuscule, alors qu'abreuvé d'amertumes, gorgé de dégoût, il se sentait, dans la nature éplorée, seul, tout seul, terrassé par une indicible mélancolie, par une opiniâtre détresse, dont la mystérieuse intensité excluait toute consolation, toute pitié, tout repos. Pareil à un glas de mort, ce chant désespéré le hantait, maintenant qu'il était couché, anéanti par la fièvre et agité par une anxiété d'autant plus inapaisable qu'il n'en discernait plus la cause. Il finissait par s'abandonner à la dérive, culbuté par le torrent d'angoisses que versait cette musique tout d'un coup endiguée, pour une minute, par le chant des psaumes qui s'élevait, sur un ton lent et bas, dans sa tête dont les tempes meurtries lui semblaient frappées par des battants de cloches.

Un matin, pourtant, ces bruits se calmèrent; il se posséda mieux et demanda au domestique de lui présenter une glace; elle lui glissa aussitôt des mains; il se reconnaissait à peine -, la figure était couleur de terre, les lèvres boursouflées et sèches, la langue ridée, la peau rugueuse; ses cheveux et sa barbe que le domestique n'avait plus taillés depuis la maladie, ajoutaient encore à l'horreur de la face creuse, des yeux agrandis et liquoreux qui brûlaient d'un éclat fébrile dans cette tête de squelette, hérissée de poils. Plus que sa faiblesse, que ses vomissements incoercibles qui rejetaient tout essai de nourriture, plus que ce marasme où il plongeait, ce changement de visage l'effraya. Il se crut perdu, puis, dans l'accablement qui l'écrasa, une énergie d'homme acculé le mit sur son séant, lui donna la force d'écrire une lettre à son médecin de Paris et de commander au domestique de partir à l'instant à sa recherche et de le ramener, coûte que coûte, le jour même.

Subitement, il passa de l'abandon le plus complet au plus fortifiant espoir; ce médecin était un spécialiste célèbre, un docteur renommé pour ses cures des maladies nerveuses: "il doit avoir guéri des cas plus têtus et plus périlleux que les miens, se disait des Esseintes; à coup sur, je serai sur pied, dans quelques jours"; puis, à cette confiance, un désenchantement absolu succédait; si savants, si intuitifs qu'ils puissent être, les médecins ne connaissent rien aux névroses, dont ils ignorent jusqu'aux origines. De même que les autres, celui-là lui prescrirait l'éternel oxyde de zinc et la quinine, le bromure de potassium et la valériane; qui sait, continuait-il, se raccrochant aux dernières branches, si ces remèdes m'ont été jusqu'alors infidèles, c'est sans doute parce que je n'ai pas su les utiliser à de justes doses.

Malgré tout, cette attente d'un soulagement le ravitaillait, mais il eut une appréhension nouvelle: pourvu que le médecin soit à Paris et qu'il veuille se déranger, et aussitôt la peur que son domestique ne l'eût pas rencontré, l'atterra. Il recommençait à défaillir, sautant, d'une seconde à l'autre, de l'espoir le plus insensé aux transes les plus folles, s'exagérant et ses chances de soudaine guérison et ses craintes de prompt danger; les heures s'écoulèrent et le moment vint où, désespéré, à bout de force, convaincu que décidément le médecin n'arriverait pas, il se répéta rageusement que, s'il avait été secouru à temps, il eût été certainement sauvé; puis sa colère contre le domestique, contre le médecin qu'il accusait de le laisser mourir, s'évanouit, et enfin il s'irrita contre lui-même, se reprochant d'avoir attendu aussi longtemps pour requérir un aide, se persuadant qu'il serait actuellement guéri s'il avait, depuis la veille seulement, réclamé des médicaments vigoureux et des soins utiles.

Peu à peu, ces alternatives d'alarmes et d'espérances qui cahotaient dans sa tête vide s'apaisèrent; ces chocs achevèrent de le briser; il tomba dans un sommeil de lassitude traversé par des rêves incohérents, dans une sorte de syncope entrecoupée par des réveils sans connaissance; il avait tellement fini par perdre la notion de ses désirs et de ses peurs qu'il demeura ahuri, n'éprouvant aucun étonnement, aucune joie, alors que tout à coup le médecin entra.

Le domestique l'avait sans doute mis au courant de l'existence menée par des Esseintes et des divers symptômes qu'il avait pu lui-même observer depuis le jour où il avait ramassé son maître, assommé par la violence des parfums, près de la fenêtre, car il questionna peu le malade dont il connaissait d'ailleurs et depuis de longues années les antécédents; mais il l'examina, l'ausculta et observa avec attention les urines où certaines traînées blanches lui révélèrent l'une des causes les plus déterminantes de sa névrose. Il écrivit une ordonnance et, sans dire mot, partit, annonçant son prochain retour.

Cette visite réconforta des Esseintes qui s'effara pourtant de ce silence et adjura le domestique de ne pas lui cacher plus longtemps la vérité. Celui-ci lui affirma que le docteur ne manifestait aucune inquiétude et, si défiant qu'il fût, des Esseintes ne put saisir un signe quelconque qui décelât l'hésitation d'un mensonge sur le tranquille visage du vieil homme.

Alors ses pensées se déridèrent; d'ailleurs ses souffrances s'étaient tues et la faiblesse qu'il ressentait par tous les membres s'entait d'une certaine douceur, d'un certain dorlotement tout à la fois indécis et lent; il fut enfin stupéfié et satisfait de ne pas être encombré de drogues et de fioles, et un pâle sourire remua les lèvres quand le domestique apporta un lavement nourrissant à la peptone et le prévint qu'il répéterait cet exercice trois fois dans les vingt-quatre heures.

L'opération réussit et des Esseintes ne put s'empêcher de s'adresser de tacites félicitations à propos de cet événement qui couronnait, en quelque sorte, l'existence qu'il s'était créée; son penchant vers l'artificiel avait maintenant, et sans même qu'il l'eût voulu, atteint l'exaucement suprême; on n'irait pas plus loin; la nourriture ainsi absorbée était, à coup sûr, la dernière déviation qu'on pût commettre.

Ce serait délicieux, se disait-il, si l'on pouvait, une fois en pleine santé, continuer ce simple régime. Quelle économie de temps, quelle radicale délivrance de l'aversion qu'inspire aux gens sans appétit, la viande! quel définitif débarras de la lassitude qui découle toujours du choix forcément restreint des mets! quelle énergique protestation contre le bas péché de la gourmandise! enfin quelle décisive insulte jetée à la face de cette vieille nature dont les uniformes exigences seraient pour jamais éteintes!

Et il poursuivait, se parlant à mi-voix: il serait facile de s'aiguiser la faim, en s'ingurgitant un sévère apéritif, puis lorsqu'on pourrait logiquement se dire: "Quelle heure se fait-il donc? il me semble qu'il serait temps de se mettre à table, j'ai l'estomac dans les talons", on dresserait le couvert en déposant le magistral instrument sur la nappe et alors, le temps de réciter le bénédicité, et l'on aurait supprimé l'ennuyeuse et vulgaire corvée du repas.

Quelques jours après, le domestique présenta un lavement dont la couleur et dont l'odeur différaient absolument de celles de la peptone.

- Mais ce n'est plus le même! s'écria des Esseintes qui regarda très ému le liquide versé dans l'appareil. Il demanda, comme dans un restaurant, la carte, et, dépliant l'ordonnance du médecin, il lut Huile de foie de morue 20 grammes Thé de boeuf 200 grammes Vin de Bourgogne 200 grammes Jaune d'oeuf no 1.

Il resta rêveur. Lui qui n'avait pu, en raison du délabrement de son estomac, s'intéresser sérieusement à l'art de la cuisine, il se surprit tout à coup à méditer sur des combinaisons de faux gourmet; puis, une idée biscornue lui traversa la cervelle. Peut-être le médecin avait-il cru que l'étrange palais de son client était déjà fatigué par le goût de la peptone; peut-être avait-il voulu, pareil à un chef habile, varier la saveur des aliments, empêcher que la monotonie des plats n'amenât une complète inappétence. Une fois lancé dans ces réflexions, des Esseintes rédigea des recettes inédites, préparant des dîners maigres, pour le vendredi, forçant la dose d'huile de foie de morue et de vin et rayant le thé de boeuf ainsi qu'un manger gras, expressément interdit par l'église; mais il n'eut bientôt plus à délibérer de ces boissons nourrissantes, car le médecin parvenait, peu à peu à dompter les vomissements et à lui faire avaler, par les voies ordinaires, un sirop de punch à la poudre de viande dont le vague arôme de cacao plaisait à sa réelle bouche.

Des semaines s'écoulèrent, et l'estomac se décida à fonctionner; à certains instants, des nausées revenaient encore, que la bière de gingembre et la potion antiémétique de Rivière arrivaient pourtant à réduire.

Enfin, peu à peu, les organes se restaurèrent; aidées par les pepsines, les véritables viandes furent digérées, les forces se rétablirent et des Esseintes put se tenir debout dans sa chambre et s'essayer à marcher, en s'appuyant sur une canne et en se soutenant aux coins des meubles; au lieu de se réjouir de ce succès, il oublia ses souffrances défuntes, s'irrita de la longueur de la convalescence, et reprocha au médecin de le traîner ainsi à petits pas. Des essais infructueux ralentirent, il est vrai, la cure; pas mieux que le quinquina, le fer, même mitigé par le laudanum, n'était accepte et l'on dut les remplacer par les arséniates, après quinze jours perdus en d'inutiles efforts, comme le constatait impatiemment des Esseintes.

Enfin, le moment échut où il put demeurer levé pendant des après-midi entières et se promener, sans aide, parmi ses pièces. Alors son cabinet de travail l'agaça; des défauts auxquels l'habitude l'avait accoutumé lui sautèrent aux yeux, dès qu'il y revint après une longue absence.

Les couleurs choisies pour être vues aux lumières des lampes lui parurent se désaccorder aux lueurs du jour; il pensa à les changer et combina pendant des heures de factieuses harmonies de teintes, d'hybrides accouplements d'étoffes et de cuirs.

- Décidément, je m'achemine vers la santé, se dit-il, relatant le retour de ses anciennes préoccupations, de ses vieux attraits.

Un matin, tandis qu'il contemplait ses murs orange et bleu, songeant à d'idéales tentures fabriquées avec des étoles de l'église grecque, rêvant à des dalmatiques russes d'orfroi, à des chapes en brocart, ramagées de lettres slavones figurées par des pierres de l'Oural et des rangs de perles, le médecin entra et, observant les regards de son malade, l'interrogea.

Des Esseintes lui fit part de ses irréalisables souhaits, et il commençait à manigancer de nouvelles investigations de couleurs, à parler des concubinages et des ruptures de tons qu'il ménagerait, quand le médecin lui assena une douche glacée sur la tête, en lui affirmant d'une façon péremptoire, que ce ne serait pas, en tout cas dans ce logis qu'il mettrait à exécution ses projets.

Et, sans lui laisser le temps de respirer, il déclara qu'il était allé au plus pressé en rétablissant les fonctions digestives et qu'il fallait maintenant attaquer la névrose qui n'était nullement guérie et nécessiterait des années de régime et de soins. Il ajouta enfin qu'avant de tenter tout remède, avant de commencer tout traitement hydrothérapique, impossible d'ailleurs à suivre à Fontenay, il fallait quitter cette solitude, revenir à Paris, rentrer dans la vie commune, tâcher enfin de se distraire comme les autres.

- Mais, ça ne me distrait pas, moi, les plaisirs des autres, s'écria des Esseintes indigné!

Sans discuter cette opinion, le médecin assura simplement que ce changement radical d'existence qu'il exigeait était, à ses yeux, une question de vie ou de mort, une question de santé ou de folie compliquée à brève échéance de tubercules.

- Alors c'est la mort ou l'envoi au bagne! s'exclama des Esseintes exaspéré.

Le médecin, qui était imbu de tous les préjugés d'un homme du monde, sourit et gagna la porte sans lui répondre.

Chapitre 16

Des Esseintes s'enferma dans sa chambre à coucher, se bouchant les oreilles aux coups de marteaux qui clouaient les caisses d'emballage apprêtées par les domestiques; chaque coup lui frappait le coeur, lui enfonçait une souffrance vive, en pleine chair. L'arrêt rendu par le médecin s'accomplissait; la crainte de subir, une fois de plus, les douleurs qu'il avait supportées, la peur d'une atroce agonie avaient agi plus puissamment sur des Esseintes que la haine de la détestable existence à laquelle la juridiction médicale le condamnait.

Et pourtant, se disait-il, il y a des gens qui vivent solitaires, sans parler à personne, qui s'absorbent à l'écart du monde, tels que les réclusionnaires et les trappistes, et rien ne prouve que ces malheureux et que ces sages deviennent des déments ou des phtisiques. Ces exemples, il les avait cités au docteur sans résultat; celui-ci avait répété d'un ton sec et qui n'admettait plus aucune réplique, que son verdict, d'ailleurs confirmé par l'avis de tous les nosographes de la névrose, était que la distraction, que l'amusement, que la joie, pouvaient seuls influer sur cette maladie dont tout le côté spirituel échappait à la force chimique des remèdes; et, impatienté par les récriminations de son malade, il avait, une dernière fois, déclaré qu'il se refusait à lui continuer ses soins s'il ne consentait pas à changer d'air, à vivre dans de nouvelles conditions d'hygiène.

Des Esseintes s'était aussitôt rendu à Paris, avait consulté d'autres spécialistes, leur avait impartialement soumis son cas, et, tous ayant, sans hésiter, approuvé les prescriptions de leur confrère, il avait loué un appartement encore inoccupé dans une maison neuve, était revenu à Fontenay et, blanc de rage, avait donné des ordres pour que le domestique préparât les malles.

Enfoui dans son fauteuil, il ruminait maintenant sur cette expresse observance qui bouleversait ses plans, rompait les attaches de sa vie présente, enterrait ses projets futurs. Ainsi, sa béatitude était finie! ce havre qui l'abritait, il fallait l'abandonner, rentrer en plein dans cette intempérie de bêtise qui l'avait autrefois battu!

Les médecins parlaient d'amusement, de distraction; et avec qui, et, avec quoi, voulaient-ils donc qu'il s'égayât et qu'il se plût?

Est-ce qu'il ne s'était pas mis lui-même au ban de la société? est-ce qu'il connaissait un homme dont l'existence essayerait, telle que la sienne, de se reléguer dans la contemplation, de se détenir dans le rêve? est-ce qu'il connaissait un homme capable d'apprécier la délicatesse d'une phrase, le subtil d'une peinture, la quintessence d'une idée, un homme dont l'âme fût assez chantournée, pour comprendre Mallarmé et aimer Verlaine?

Où, quand, dans quel monde devait-il sonder pour découvrir un esprit jumeau, un esprit détaché des lieux communs, bénissant le silence comme un bienfait, l'ingratitude comme un soulagement, la défiance comme un garage, comme un port?

Dans le monde où il avait vécu, avant son départ pour Fontenay? - Mais la plupart des hobereaux qu'il avait fréquentés, avaient dû, depuis cette époque, se déprimer davantage dans les salons, s'abêtir devant les tables de jeux, s'achever dans les lèvres des filles; la plupart même devaient s'être mariés; après avoir eu, leur vie durant, les restants des voyous, c'était leurs femmes qui possédaient maintenant les restes des voyoutes, car, maître des prémices, le peuple était le seul qui n'eût pas du rebut!

Quel joli chassé-croisé, quel bel échange que cette coutume adoptée par une société pourtant bégueule! se disait des Esseintes.

Puis, la noblesse décomposée était morte; l'aristocratie avait versé dans l'imbécillité ou dans l'ordure! Elle s'éteignait dans le gâtisme de ses descendants dont les facultés baissaient à chaque génération et aboutissaient à des instincts de gorilles fermentés dans des crânes de palefreniers et de jockeys, ou bien encore, ainsi que les Choiseul-Praslin, les Polignac, les Chevreuse, elle roulait dans la boue de procès qui la rendaient égale en turpitude aux autres classes.

Les hôtels mêmes, les écussons séculaires, la tenue héraldique, le maintien pompeux de cette antique caste avaient disparu. Les terres ne rapportant plus, elles avaient été avec les châteaux mises à l'encan, car l'or manquait pour acheter les maléfices vénériens aux descendants hébétés des vieilles races!

Les moins scrupuleux, les moins obtus, jetaient toute vergogne à bas; ils trempaient dans des gabegies, vannaient la bourbe des affaires, comparaissaient, ainsi que de vulgaires filous, en cour d'assises, et ils servaient à rehausser un peu la justice humaine qui, ne pouvant se dispenser toujours d'être partiale, finissait par les nommer bibliothécaires dans les maisons de force.

Cette âpreté de gain, ce prurit de lucre, s'étaient aussi répercutés dans cette autre classe qui s'était constamment étayée sur la noblesse, dans le clergé. Maintenant on apercevait, aux quatrièmes pages des journaux, des annonces de cors aux pieds guéris par un prêtre. Les monastères s'étaient métamorphosés en des usines d'apothicaires et de liquoristes. Ils vendaient des recettes ou fabriquaient eux-mêmes: l'ordre de Cîteaux, du chocolat, de la trappistine, de la semouline et de l'alcoolature d'arnica; les ff. maristes du biphosphate de chaux médicinal et de l'eau d'arquebuse; les jacobins de l'élixir anti-apoplectique; les disciples de saint Benoît, de la bénédictine; les religieux de saint Bruno, de la chartreuse.

Le négoce avait envahi les cloîtres où, en guise d'antiphonaires, les grands livres de commerce posaient sur des lutrins. De même qu'une lèpre, l'avidité du siècle ravageait l'église, courbait des moines sur des inventaires et des factures, transformait les supérieurs en des confiseurs et des médicastres, les frères lais et les convers, en de vulgaires emballeurs et de bas potards.

Et cependant, malgré tout, il n'y avait encore que les ecclésiastiques parmi lesquels des Esseintes pouvait espérer des relations appariées jusqu'à un certain point avec ses goûts; dans la société de chanoines généralement doctes et bien élevés, il aurait pu passer quelques soirées affables et douillettes; mais encore eût-il fallu qu'il partageât leurs croyances, qu'il ne flottât point entre des idées sceptiques et des élans de conviction qui remontaient de temps à autre, sur l'eau, soutenus par les souvenirs de son enfance.

Il eût fallu avoir des opinions identiques, ne pas admettre, et il le faisait volontiers dans ses moments d'ardeur, un catholicisme salé d'un peu de magie, comme sous Henri III, et d'un peu de sadisme, comme à la fin du dernier siècle. Ce cléricalisme spécial, ce mysticisme dépravé et artistement pervers vers lequel il s'acheminait, à certaines heures, ne pouvait même être discuté avec un prêtre qui ne l'eût pas compris ou l'eût aussitôt banni avec horreur.

Pour la vingtième fois, cet irrésoluble problème l'agitait. Il eût voulu que cet état de suspicion dans lequel il s'était vainement débattu, à Fontenay, prît fin; maintenant qu'il devait faire peau neuve, il eût voulu se forcer à posséder la foi, à se l'incruster dès qu'il la tiendrait, à se la visser par des crampons dans l'âme, à la mettre enfin à l'abri de toutes ces réflexions qui l'ébranlent et qui la déracinent; mais plus il la souhaitait et moins la vacance de son esprit se comblait, plus la visitation du Christ tardait à venir. à mesure même que sa faim religieuse s'augmentait, à mesure qu'il appelait de toutes ses forces, comme une rançon pour l'avenir, comme un subside pour sa vie nouvelle, cette foi qui se laissait voir, mais dont la distance à franchir l'épouvantait, des idées se pressaient dans son esprit toujours en ignition, repoussant sa volonté mal assise, rejetant par des motifs de bon sens, par des preuves de mathématique, les mystères et les dogmes!

Il faudrait pouvoir s'empêcher de discuter avec soi-même, se dit-il douloureusement; il faudrait pouvoir fermer les yeux, se laisser emporter par ce courant, oublier ces maudites découvertes qui ont détruit l'édifice religieux, du haut en bas, depuis deux siècles.

Et encore, soupira-t-il, ce ne sont ni les physiologistes ni les incrédules qui démolissent le catholicisme, ce sont les prêtres, eux-mêmes, dont les maladroits ouvrages extirperaient les convictions les plus tenaces.

Dans la bibliothèque dominicaine, un docteur en théologie, un frère prêcheur, le R.P. Rouard de Card, ne s'était-il pas trouvé qui, à l'aide d'une brochure intitulée: "De la falsification des substances sacramentelles" avait péremptoirement démontré que la majeure partie des messes n'était pas valide, par ce motif que les matières servant au culte étaient sophistiquées par des commerçants.

Depuis des années, les huiles saintes étaient adultérées par de la graisse de volaille; la cire, par des os calcinés; l'encens, par de la vulgaire résine et du vieux benjoin. Mais ce qui était pis, c'était que les substances, indispensables au saint sacrifice, les deux substances sans lesquelles aucune oblation n'est possible, avaient, elles aussi, été dénaturées: le vin, par de multiples coupages, par d'illicites introductions de bois de Fernambouc, de baies d'hièble, d'alcool, d'alun, de salicylate, de litharge; le pain, ce pain de l'eucharistie qui doit être pétri avec la fine fleur des froments, par de la farine de haricots, de la potasse et de la terre de pipe!

Maintenant enfin, l'on était allé plus loin; l'on avait osé supprimer complètement le blé et d'éhontés marchands fabriquaient presque toutes les hosties avec de la fécule de pomme de terre!

Or, Dieu se refusait à descendre dans la fécule. C'était un fait indéniable, sûr; dans le second tome de sa théologie morale, S.E. le cardinal Gousset, avait, lui aussi, longuement traité cette question de la fraude au point de vue divin; et, suivant l'incontestable autorité de ce maître, l'on ne pouvait consacrer le pain composé de farine d'avoine, de blé sarrasin, ou d'orge, et si le cas demeurait au moins douteux pour le pain de seigle, il ne pouvait soutenir aucune discussion, prêter à aucun litige, quand il s'agissait d'une fécule qui, selon l'expression ecclésiastique, n'était, à aucun titre, matière compétente du sacrement.

Par suite de la manipulation rapide de la fécule et de la belle apparence que présentaient les pains azymes créés avec cette matière, cette indigne fourberie s'était tellement propagée que le mystère de la transsubstantiation n'existait presque jamais plus et que les prêtres et les fidèles communiaient, sans le savoir, avec des espèces neutres.

Ah! le temps était loin où Radegonde, reine de France, préparait elle-même le pain destiné aux autels, le temps où, d'après les coutumes de Cluny, trois prêtres ou trois diacres, à jeun, vêtus de l'aube et de l'amict, se lavaient le visage et les doigts, triaient le froment, grain à grain, l'écrasaient sous la meule, pétrissaient la pâte dans une eau froide et pure et la cuisaient eux-mêmes sur un feu clair, en chantant des psaumes!

Tout cela n'empêche, se dit des Esseintes, que cette perspective d'être constamment dupé, même à la sainte table, n'est point faite pour enraciner des croyances déjà débiles; puis, comment admettre cette omnipotence qu'arrêtent une pincée de fécule et un soupçon d'alcool? Ces réflexions assombrirent encore l'aspect de sa vie future, rendirent son horizon plus menaçant et plus noir.

Décidément, il ne lui restait aucune rade, aucune berge. Qu'allait-il devenir dans ce Paris où il n'avait ni famille ni amis? Aucun lien ne l'attachait plus à ce faubourg Saint-Germain qui chevrotait de vieillesse, s'écaillait en une poussière de désuétude, gisait dans une société nouvelle comme une écale décrépite et vide! Et quel point de contact pouvait-il exister entre lui et cette classe bourgeoise qui avait peu à peu monté, profitant de tous les désastres pour s'enrichir, suscitant toutes les catastrophes pour imposer le respect de ses attentats et de ses vols?

Après l'aristocratie de la naissance, c'était maintenant l'aristocratie de l'argent; c'était le califat des comptoirs, le despotisme de la rue du Sentier, la tyrannie du commerce aux idées vénales et étroites, aux instincts vaniteux et fourbes.

Plus scélérate, plus vile que la noblesse dépouillée et que le clergé déchu, la bourgeoisie leur empruntait leur ostentation frivole, leur jactance caduque, qu'elle dégradait par son manque de savoir-vivre, leur volait leurs défauts qu'elle convertissait en d'hypocrites vices; et, autoritaire et sournoise, basse et couarde, elle mitraillait sans pitié son éternelle et nécessaire dupe, la populace, qu'elle avait elle-même démuselée et apostée pour sauter à la gorge des vieilles castes!

Maintenant, c'était un fait aquis. Une fois sa besogne terminée, la plèbe avait été, par mesure d'hygiène, saignée à blanc; le bourgeois, rassurée, trônait, jovial, de par la force de son argent et la contagion de sa sottise. Le résultat de son avènement avait été l'écrasement de toute intelligence, la négation de toute probité, la mort de tout art, et, en effet, les artistes avilis s'étaient agenouillés, et ils mangeaient, ardemment, de baisers les pieds fétides des hauts maquignons et des bas satrapes dont les aumônes les faisaient vivre!

C'était, en peinture, un déluge de niaiseries molles; en littérature, une imtempérence de style plat et d'idées lâches, cai il lui fallait de l'honnêteté au tripoteur d'affaires, de la vertu au flibustier qui pourchassait une dot pour son fils et refusait de payer celle de sa fille; de l'amour chaste au voltairien qui accusait le clergé de viols, et s'en allait renifler hypocritement, bêtement, sans dépravation réelle d'art, dans les chambres troubles, l'eau grasse des cuvettes et le poivre tiède des jupes sales!

C'était le grand bagne de l'Amérique transporté sur notre continent; c'était enfin, l'immense, la profonde, l'inconmensurable goujaterie du financier et du parvenu, rayonnant, tel qu'un abject soleil, sur la ville idolâtre qui éjaculait, à plat ventre, d'impurs cantiques devant le tabernacle impie des banques!

Eh! croule donc, société! meurs donc, vieux monde! s'écria des Esseintes, indigné par l'ignominie du spectacle qu'il évoquait; ce cri rompit le cauchemar qui l'opprimait

Ah! fit-il, dire que tout cela n'est pas un rêve! dire que je vais rentrer dans la turpide et servile cohue du siècle! Il appelait à l'aide pour se cicatriser, les consolantes maximes de Schopenhauer, il se répétait le douloureux axiome de Pascal "L'âme ne voit rien qui ne l'afflige quand elle y pense", mais les mots résonnaient, dans son esprit comme des sons privés de sens son ennui les désagrégeait, leur ôtait toute signification, toute vertu sédative, toute vigueur effective et douce.

Il s'apercevait enfin que les raisonnements du pessimisme étaient impuissants à le soulager, que l'impossible croyance en une vie future serait seule apaisante.

Un accès de rage balayait, ainsi qu'un ouragan, ses essais de résignation, ses tentatives d'indifférence. Il ne pouvait se le dissimuler, il n'y avait rien, plus rien, tout était par terre; les bourgeois bâfraient de même qu'à Clamart sur leurs genoux, dans du papier, sous les ruines grandioses de l'église qui étaient devenues un lieu de rendez-vous, un amas de décombres, souillées par d'inqualifiables quolibets et de scandaleuses gaudrioles. Est-ce que, pour montrer une bonne fois qu'il existait, le terrible Dieu de la Genèse et le pâle Décloué du Golgotha n'allaient point ranimer les cataclysmes éteints, rallumer les pluies de flamme qui consumèrent les cités jadis réprouvées et les villes mortes? Est-ce que cette fange allait continuer à couler et à couvrir de sa pestilence ce vieux monde où ne poussaient plus que des semailles d'iniquités et des moissons d'opprobres?

La porte s'ouvrit brusquement; dans le lointain, encadrés par le chambranle, des hommes coiffés d'un lampion, avec des joues rasées et une mouche sous la lèvre, parurent, maniant des caisses et charriant des meubles, puis la porte se referma sur le domestique qui emportait des paquets de livres. Des Esseintes tomba, accablé, sur une chaise. - Dans deux jours je serai à Paris; allons, fit-il, tout est bien fini; comme un raz de marée, les vagues de la médiocrité humaine montent jusqu'au ciel et elles vont engloutir le refuge dont j'ouvre, malgré moi, les digues. Ah! le courage me fait défaut et le coeur me lève! - Seigneur, prenez pitié du chrétien qui doute, de l'incrédule qui voudrait croire, du forçat de la vie qui s'embarque seul, dans la nuit, sous un firmament que n'éclairent plus les consolants fanaux du vieil espoir!

Lightning Source UK Ltd.
Milton Keynes UK
UKOW06f0047040717
304605UK00011B/958/P